Peter Glotz
Im Kern verrottet?

Peter Glotz

Im Kern verrottet?

**Fünf vor zwölf
an Deutschlands
Universitäten**

Deutsche Verlags-Anstalt
Stuttgart

Die Deutsche Bibliothek – CIP-Einheitsaufnahme

Glotz, Peter:
Im Kern verrottet? : fünf vor zwölf an
Deutschlands Universitäten / Peter Glotz. –
Stuttgart : Deutsche Verlags-Anstalt, 1996
ISBN 3-421-05029-5

Umschlagentwurf:
Brigitte und Hans Peter Willberg, Eppstein
Satz: Uhl + Massopust, Aalen
Druck und Bindearbeit: Clausen & Bosse GmbH, Leck
Printed in Germany
ISBN 3–421–05029–5

Inhalt

Anhang

Vorwort

Der Titel dieses Buches greift einen Streit auf, der inzwischen ein Dreivierteljahrhundert alt ist. Es war Carl Heinrich Becker, als Staatssekretär und später als Kultusminister in Preußen für die Hochschulen zuständig, der nach dem Ersten Weltkrieg den Satz aufschrieb: »Der Kern unserer Universitäten ist gesund.« Nach dem Zweiten Weltkrieg, 1948, wiederholte die *scientific community* diese Beschwörung. Im berühmten »Blauen Gutachten« von 1948 war zu lesen, »daß die Hochschulen Träger einer alten und im Kern gesunden Tradition sind«. Erst Anfang der neunziger Jahre drehte der damalige Vorsitzende des Wissenschaftsrates, der Byzantinist Dieter Simon, diesen alten Spruch grimmig um: »Die Universitäten sind im Kern verrottet.« Was also – gesund oder verrottet?

Simons Aversion gegen fade Verlogenheit ist mir sympathisch. Ob man seinen Fluch – die Universitäten sind im Kern verrottet – aufgreift, hängt an der Interpretation des Begriffes »Kern«. Meint man die moralische Bilanz der »Lebensmacht« Universität, dann war Beckers Satz schon 1919 falsch. Die erdrückende Mehrheit der deutschen Ordinarien hatte sich um 1915 mit unvertretbar aggressiven Kriegszielen solidarisiert. Gesund? Spricht man von der Standfestigkeit gegenüber politischen Versuchungen, dann war die Wiederholung dieses Wortes im Jahr 1948 eine Frechheit. Noch heute spürt man die Nachwirkungen der Tatsache, daß Hitler der deutschen Universität das Kreuz gebrochen hat – im timiden Spezialismus vieler Bindestrichwissenschaften oder im relativistischen Gesäusel der sogenannten Postmoderne.

Meint man mit »Kern« den realen Zustand der Korporation Universität, ist Simons Urteil undiplomatisch brutal, aber keineswegs abwegig. Wie immer man die Lage nach dem Ersten oder dem Zweiten Weltkrieg beurteilt: Heute sind die Hochschulen von hoffnungslos überfüllten Lehrveranstaltungen, mangelnder Betreuung, Unüberschaubarkeit der Studienstrukturen und der Anforderungen, Wohnungsnot und Finanzklemmen bestimmt. Ob man »verrottet« sagt, »gefährdet« oder »ausgelaugt«, ist mehr oder weniger eine Frage des Temperaments.

Meint man mit »Kern« allerdings die Universitätsidee – also die Formel »Bildung durch Wissenschaft«, die Verbindung von Forschung und Lehre, das dialogische Prinzip –, führt Simons Verdikt in die Irre. Ich jedenfalls werde in dieser Streitschrift behaupten, daß die seit vielen Jahrzehnten hin- und hergewendeten Ideen zu einer »Totalreform« des Hochschulwesens nicht zum Ziel führen können. Die einen reden von »Privatisierung«, die anderen von »Elitehochschulen« oder einer »Zweiteilung« des Studiums, wieder andere wollen das Gros der Studenten auf Fachhochschulen schicken. Nichts davon wird funktionieren, und zwar nicht nur deshalb, weil unser politisches System träge, komplex und reformunwillig ist. Meine – im zweiten Kapitel im einzelnen ausgeführte – These ist, daß bisher niemandem eine intelligentere Organisationsform von Wissenschaft eingefallen sei als die, die im Begriff »Universität« steckt und die fälschlicherweise mit allerhand mißverstandenen Schlüsselworten aus der Humboldt-Zeit gleichgesetzt wird.

Natürlich klingt es absurd, wenn man den Alltag eines Betriebswirtschaftsprofessors von heute mit den Begriffen »Einsamkeit« und »Freiheit« zu fassen versucht. Wer aber nicht die Aura dieser Begriffe nimmt, sondern die höchst praktische Bedeutung, die ihnen der ziemlich realitätstüchtige Humboldt unterlegte, wird wenige Gründe finden, die Grundprinzipien der europäischen Universitätsidee für mausetot zu erklären. Ich behaupte: Man muß rasch und entschlossen handeln, wenn man die deutsche

Universität retten will. Verlangt ist aber nicht die Idee zu einem völlig neuen Wissenschaftssystem und die Ersetzung der Kultusminister durch lauter Humboldts. Es ist unbequemer: Schon mit wenigen Milliarden und ein paar Gesetzen, die in Nachbarländern längst in Kraft sind, könnte man das »Verrotten« des deutschen Hochschulsystems aufhalten. Wunder sind unnötig. Es genügte, wenn wir alle ein bißchen weniger feige wären. Wer zum Beispiel zu dem (wahrscheinlich richtigen) Ergebnis kommt, daß die Bundesländer in Zukunft die Hochschulen nicht mehr vernünftig dotieren können, der müßte dem Publikum eingestehen, daß die schöne Idee, Bildung zum Nulltarif zu gewähren, nicht mehr bezahlbar ist. Wären die Bildungspolitiker so mutig wie der IG-Metall-Vorsitzende Klaus Zwickel, der seinen Mitgliedern Verzicht auf Überstundenzuschläge, Lohnerhöhung usf. zumutet, könnten sie manches bewirken.

Es geht also nicht um den Epochenbruch, es geht um »normale Politik«. Verglichen mit der bildungspolitischen Bewegungslosigkeit der letzten zwei Jahrzehnte allerdings sind gewaltige Anstrengungen notwendig. Mein Urteil ist: Wenn wir noch ein Jahrzehnt so weitermachen wie seit 1977, dem Jahr, in dem die »Öffnung der Hochschulen« beschlossen wurde, ist das deutsche Hochschulwesen international nicht mehr konkurrenzfähig.

Ich bedauere es übrigens nicht, daß ich an diesem »Öffnungs«-Beschluß – als Staatssekretär des Bonner Bildungsministeriums – mitgewirkt habe. Wir gingen von falschen Prognosen über das Studierverhalten aus, das ist wahr; solche Vorhersagen sind in schnell sich hin- und herbewegenden Marktwirtschaften öfter unrichtig als zutreffend. Die paternalistische Alternative aber – haltet die Mehrheit der jungen Leute in »praktischen Berufen« – war niemals realistisch. Man strebte an die Hochschule nicht, weil man dorthin gelockt worden war, sondern weil sie trotz aller »Vermassung« die besseren Chancen bot; das ist selbst heute noch so.

Inzwischen ist das Gerede von der Überakademisierung im übrigen nur noch ärgerlich: Die Industrie hat die Zahl ihrer Ausbildungsplätze – die Alternative zum Hochschulstudium wäre ja das duale System – um ein Viertel reduziert. Wo sollen – wenn es stimmt, daß wir auf qualifizierte Arbeitnehmer mehr denn je angewiesen sind – die nachrückenden Generationen hin, wenn nicht auf Universitäten und Fachhochschulen? Wollen wir sie ausweisen? Die Zahl der Studierenden wird weiter steigen. Das ist ja die Herausforderung: Für Umgehungsstraßen gibt es keinen Boden. Wir müssen die Via Appia ausbauen.

Die eigene Vergangenheit holt einen ein, in der Tat. Sieht es nicht wie Rechthaberei aus, wenn ich zu dem Ergebnis komme, wir müßten uns in Deutschland zu einer zweiten Hochschulreform aufraffen? Ich muß ja zugeben, daß ich an der ersten – beginnend mit einer Denkschrift des SDS von 1961 und endend mit dem Hochschulrahmengesetz von 1976 – beteiligt war, zuerst als Aktivist der »Bundesassistentenkonferenz«, später als Bundestagsabgeordneter. Ich war der erste Assistent, der in das Rektoratskollegium einer deutschen Universität gewählt wurde, 1969, noch bevor meine Kollegen Rolf Kreibich und Peter Fischer-Appelt Präsidenten der Freien Universität Berlin und der Universität Hamburg wurden. Später, in Jahren der Ernüchterung und Erschlaffung, hatte ich die Aufgabe, Konzepte einer kurzen Reformperiode in ein Gesetz zu gießen. Wir fühlten uns oft an den Fischer in Hemingways »Der alte Mann und das Meer« erinnert. Der Fisch, den wir ans Ufer brachten, war bis aufs Skelett abgefressen. Wir hatten die Festigkeit der Strukturen unterschätzt: des Beamtenrechts, der Kameralistik, der Verschwisterung von Bürokratie und Professorenschaft. So blieb die »neue Hochschule«, die wir schaffen wollten, eine Baustelle: zugig, von Gerüsten umstanden. Man kann darin leben, aber es ist laut, unbequem und an manchen Stellen gefährlich. Die erinnerungsselige Behauptung, wir lebten in wunderbarer Harmonie, wenn man alles gelassen hätte wie 1960, ist unsinnig. Aber daß man mit den halbfertigen Umbauten der frühen siebziger Jahre nicht ewig leben kann, ist unbestreitbar.

In jener ersten Reformphase konzentrierten wir uns auf die inneren Strukturen der Hochschulen; die Verhältnisse sollten durch die Veränderung der »Personalstruktur« und durch Mitbestimmung »zum Tanzen« gebracht werden. Das Konzept krankte an einer Fehleinschätzung der überwölbenden Strukturen. Die Entmachtung der »Talare« war (teilweise) gelungen, setzte aber die etatistischen Zeremonien der öffentlichen Verwaltung nicht außer Kraft. Die traditionalistische Linke wird es verräterisch finden, daß jetzt die Idee der Abkoppelung, des Losbindens, der wettbewerblichen Hochschule an die Stelle des Instruments der »Demokratisierung« getreten ist. Zeitgeist? Erfahrungen. Was gelingt oder mißlingt, weiß man immer erst später, »with the benefit of hindsight«, wie der wunderbare englische Ausdruck lautet.

Diese kleine Schrift ist also das Fazit eines ziemlich langen Lebens in und mit den deutschen Hochschulen. Natürlich das persönliche Fazit. Ich weiß schon, daß es manchen Politikern immer wieder vorgehalten wird, wenn sie Ideen formulieren, für die sie noch keine Mehrheit vorweisen können. Ich habe zum Beispiel für meine Auffassung, daß die Länder im nächsten Jahrzehnt zu einer finanzpolitischen

Kehrtwendung unfähig sind und daß deshalb die Bürger zur Ausbildung ihrer Kinder selbst etwas beitragen müssen, in meiner Partei, der SPD, noch keine Mehrheit. Aber die Debatte ginge nicht voran, wenn man sich immer erst äußert, nachdem man eine Beschlußlage verändert hat. Nur ein offener Austausch von − naturgemäß kontroversen − Diagnosen und Vorschlägen bewegt den Geleitzug zentimeterweise nach vorn.

Ich danke einigen Freunden aus der *scientific community*, die sich der Mühe unterzogen haben, das Manuskript zu lesen, für ihre Ratschläge, Jürgen Ederleh von der HIS GmbH sowie Peter Munkelt und dem Archiv des SPD-Parteivorstands für vielfältige Informationen. Als ich das Manuskript gerade abgeschlossen hatte, entnahm ich einem Bericht des Präsidenten des Deutschen Akademischen Austauschdienstes: Von sechstausendvierundneunzig Bewerbern für ein Austauschprogramm der Europäischen Union hätten nur fünfhundertsechsundfünfzig die Bundesrepublik als Gastland ausgewählt; dreimal so viele, nämlich fünfzehnhundertfünfundsiebzig, wollten nach Frankreich, achtzehnhundertvierunddreißig favorisierten Großbritannien. Die USA, der eigentliche Magnet, kam in diesem Programm gar nicht vor. Solche trockenen Zahlen zeigen den Ernst der Lage. Es ist höchste Zeit, daß wir miteinander Tacheles reden.

Ich gebe zu: Das ist aus der Mode gekommen. In den siebziger Jahren waren große Hörsäle mit dreitausend erregt protestierenden Studenten normal. Heute wird man schon bänglich, wenn ein paar Hundert auf den Marktplatz einer Universitätsstadt ziehen. Mit solcher Dünnhäutigkeit sind die nächsten Jahre nicht zu überstehen. Der deutsche Sozialstaat ist nur mit Eingriffen zu sanieren, die unterschiedlichen Gruppen weh tun werden. Es wird vielfältige Konflikte geben; die mit den Studenten werden nicht die brutalsten sein. Das ist unangenehm, aber unvermeidlich. Nur mit der Wahrheit kommen wir aus der Krise.

München, im Januar 1996   *Peter Glotz*

Zerstörung und Selbstzerstörung
der deutschen Universität

Der Verlust der Führungsrolle

Zerstörung der deutschen Universität? Auf solche
Angstträume reagiert der sturmerprobte Praktiker
mit einem Achselzucken: Die Dinger kriegt keiner
kaputt. Und er kann sich gelehrter Unterstützung
sicher sein. »Über die Hochschule läßt sich sagen«,
heißt es in einem bedeutenden Standardwerk über
die Funktionen der Universität, »daß alles sich verändert, aber meistens nicht die Hochschule selbst.
Etwa fünfundachtzig der um 1520 errichteten Institutionen der westlichen Welt existieren immer noch
in erkennbaren Formen, mit intakter Geschichte
und weitgehend denselben Funktionen. Darunter
fallen die katholische Kirche, die Parlamente der
Isle of Man, Islands und Großbritanniens, einige
Schweizer Kantone und siebzig Universitäten (...).
Professoren und Studenten tun mehr oder weniger
dasselbe wie damals, teilweise in den ehemaligen
Gebäuden unter einer Verwaltung, die sich nicht viel
verändert hat.«[1] Was soll also das Gemecker?
Man sollte den Zynismus nicht übertreiben.

Natürlich kann das mit mehr als zwanzig Milliarden jährlich unterhaltene deutsche Hochschulsystem noch auf unabsehbare Zeit routinehaft weiterexistieren. Ein Zusammenbruch wie im späten achtzehnten Jahrhundert – zwischen 1792 und 1818 halbierte sich die Zahl der meist zur völligen Bedeutungslosigkeit heruntergekommenen Universitäten im deutschen Sprachraum – steht nicht bevor, es sei denn, das Berufssystem in den europäischen Industriegesellschaften bräche im unbewältigten Übergang zur Informationsgesellschaft vollständig zusammen. Aber was ist mit dem Verlust vieler erstrangiger Begabungen an das amerikanische Wissenschaftssystem? Was mit der nachlassenden Anziehungskraft unserer hohen Schulen auf die junge Generation in England, Frankreich, den USA und in Südostasien? Ein Semester Stanford oder Harvard hat für den aufstrebenden deutschen Akademiker inzwischen eine unvergleichlich größere Bedeutung als ein Semester Heidelberg für einen jungen Kalifornier. Und wie kommt es, daß die Universitäten in den großen Debatten unserer Gesellschaft eine immer geringere, gelegentlich sogar armselige Rolle spielen?

Unsere Kultusminister mögen gelassen bleiben. Aber Karl Jaspers bemerkte schon 1960: »Deutschlands Universitäten und Schulen, einst sein Glanz, heute doch hier und da nur von alten Leuten in

Deutschland, in Europa, in Amerika und überall in der Welt wehmütig und dankbar erinnert, werden bald vollends in Vergessenheit versinken.«[2] Dieser Befund scheint sich im darauffolgenden Vierteljahrhundert nicht verändert zu haben. Der Politikwissenschaftler Klaus von Beyme, ein Nachfahre des engsten Mitarbeiters Wilhelm von Humboldts in der preußischen Unterrichtsverwaltung, konstatierte 1987: »In kaum einem Bereich war das demokratisch eher spät entwickelte Deutschland so stark Vorbild in der Welt wie im Bereich der Organisation von Hochschulen – von Rußland bis Amerika. In kaum einem anderen Bereich hat Deutschland die Führungsrolle so gründlich verloren und seinerseits nach anderen Modellen geschielt, vor allem nach dem amerikanischen.«[3] Und noch ein halbes Jahrzehnt später hat der Philosoph Jürgen Mittelstraß bitter hinzugefügt: »In der öffentlichen Wahrnehmung sind unsere Universitäten heute konturenarme Betriebe, die unter Elephantiasis leiden, in denen es nicht länger um Wahrheit, Bildung und reine Erkenntnis geht, sondern um Berge und ihre Besteigung beziehungsweise Untertunnelung – gemeint sind in dieser feinfühligen Sprache der Bürokraten ›Studentenberge‹ –, in denen Durchschnittlichkeit produziert, gesellschaftliche Ungezogenheit kultiviert, Arbeitslosigkeit erfunden, Niveau programmiert, die Zeit vertan und viel Geld verschleudert wird.«[4] Sind das alles Misanthropen, Alarmisten, Hysteriker? Oder hat ihr Urteil Gewicht?

Mag sein, »verrottet« ist die deutsche Universität noch nicht. Jahr für Jahr liefert sie Tausende vielseitige Absolventen, Tausende lesbare Magisterarbeiten. An vielen Instituten wird immer noch brillante Einzelforschung betrieben. In manchen Seminaren existiert noch jene freie, schöpferische Kommunikation zwischen Älteren und Jüngeren, die die deutsche Universität berühmt gemacht hat. Aber wenn man bedenkt, daß die Industriegesellschaft zur Informationsgesellschaft mutiert und die Hochschulen zu den wichtigsten Knotenpunkten dieses neuartigen Gesellschaftstyps gehören, kommt man aus dem Staunen nicht heraus, wie nonchalant das Absinken dieser Institution hingenommen wird. Tag für Tag beschwört das Establishment aus Wirtschaft und Politik die Qualität des »Standorts Deutschland«. Die Einrichtungen aber, in denen die für dieses Land zentral wichtige wissenschaftlich-akademische Schicht den Großteil der prägenden Jahre zwischen Zwanzig und Dreißig verbringt, spielen in dieser Debatte läppische Nebenrollen.

Diese Ignoranz wird traurige Folgen haben, nicht sofort, aber binnen weniger Jahre. Noch wäre der Rang der deutschen Hochschulen wiederherzustellen. Aber sie sind, so die These dieser Schrift, in großer Gefahr. Wenn die Bildungspolitik nicht eine

Wende vollzieht und wenn die Hochschulen nicht ihrerseits zu einer umfassenden Selbstkorrektur bereit sind, wird ein traditionsreiches, leistungsfähiges und entscheidendes Subsystem dieser Gesellschaft verschlissen. Und Deutschland, ein Land mit wenig Bodenschätzen, ein Volk mit geringer Geburtenrate und ein Sozialstaat mit notwendigerweise hohen Kosten ist auf nichts so angewiesen wie auf Intelligenz, Phantasie, Kreativität, also die Qualität von Bildung und Forschung. Die Rede ist somit von einem Politikum erster Ordnung.

Zerstörung und Selbstzerstörung – es geht um einen doppelten Prozeß, mit einer materiellen und einer intellektuellen Seite. Dabei mögen die beiden Seiten miteinander zu tun haben; natürlich zeitigen Geldmangel, die hohe Zahl der Studierenden, schlechte Betreuung und die Auswanderung der Forschung aus den Hochschulen Folgen für das Selbstbewußtsein der deutschen Universität beziehungsweise ihrer Bürger. Es handelt sich aber nicht um ein kausales Verhältnis. Das Zerbrechen des Selbstbewußtseins der deutschen Universität ist nicht *nur* die Folge jenes Phänomens, das man in der Regel Unterfinanzierung nennt. Es geht auch um den Bruch, der sich in den Jahren zwischen 1933 und 1945 vollzogen hat. Die Gefährdung der deutschen Universität ist unter anderem eine Spätfolge der Verfehlungen, die im Nationalsozialismus gipfelten.

Unterfinanzierung

Geld, so bemerken von ihren Finanzministern kurz-
gehaltene Bildungspolitiker gelegentlich, sei nicht
alles. Das ist unbestreitbar richtig. Es gibt aber den
berühmten Punkt, an dem Quantität in Qualität
umschlägt, wo Mangel durch Effizienzgewinne,
Improvisation und Innovation nicht mehr aufgefan-
gen werden kann. Diesen Punkt haben die deutschen Hochschulen längst überschritten. Der Grund
liegt in einem Bewußtseinswandel, der sich Mitte der
siebziger Jahre angebahnt und seit Anfang der achtziger Jahre rasant beschleunigt hat. Einer kurzen
Reformperiode, in der sich sowohl die Bildungsbe-
teiligung als auch die Bildungsinvestitionen sichtbar,
fast explosionsartig erhöhten, folgten zwei Jahrzehnte mißmutiger und gelegentlich antiintellektuel-
ler Rotstiftpolitik.

Natürlich hatte dieser Politikwechsel auch reale –
ökonomische – Gründe; er begann mit der Wirt-
schaftskrise von 1975. Ein wesentlicher Grund lag
aber in der ideologischen Unzufriedenheit mit einigen echten oder vermeintlichen Konsequenzen der
Bildungsexpansion. Von der rechten Sozialdemo-
kratie bis zu jungkonservativen Erweckungszirkeln
wurde die Kulturrevolution von 1968 den Bildungs-
politikern angelastet. Wie auch immer das Verlaufs-

muster dieser subtilen Kämpfe im einzelnen war: Heute liegt die Bundesrepublik Deutschland im internationalen Vergleich der Anteile der Gesamtausgaben für die Hochschulen am Bruttoinlandsprodukt nach einer OECD-Studie unter den betrachteten einundzwanzig Staaten auf dem viertletzten Platz, bei einem Vergleich der Anteile der Bildungsausgaben an den gesamten Staatsausgaben sogar auf dem letzten.[5] Das ist ein Skandal!

Von 1977 – dem Jahr, in dem die Bundesregierung den Beschluß zur »Öffnung der Hochschulen« gefaßt hatte – bis 1990 stieg die Zahl der Studienanfänger um dreiundsiebzig Prozent, die Zahl der Studierenden (in der Regelstudienzeit) um achtundvierzig Prozent, die Zahl der Studienplätze um elf Prozent, die Zahl der Personalstellen um sieben Prozent.[6] In den »alten« Bundesländern ist in diesem Zeitraum (genau: zwischen 1975 und 1993) das Verhältnis »Studierende je Stelle für wissenschaftliches Personal« an den Universitäten (ohne Medizin) von dreizehn auf vierundzwanzig und an den Fachhochschulen von sechzehn auf einundvierzig angestiegen.[7] Die Finanzierungslücke betrug im Jahr 1993 nach Berechnungen der Finanz- und Kultusminister vier Milliarden Mark jährlich, und zwar für die laufenden Ausgaben ohne Investitionen. Andere Berechnungen summieren sich sogar auf 7,7 Milliarden.[8] Diesen Prozeß kann man noch ein paar Jahre weiterführen; daß er irgendwann zu irreparablen Schäden führen muß, wird sich nicht mehr lange verheimlichen lassen. Die Qualität der Ausbildung wird unter einen kritischen Punkt sinken, immer mehr der tüchtigeren Forscher werden aus der Lehre flüchten, und die Atmosphäre an den Hochschulen wird wie in Drucktöpfen bis zum Sieden erhitzt. Es endet alles, wie Nietzsche 1872 in einem berühmten Vortrag vorausgesagt hat, bei »Fachgelehrten«, die dem »Fabrikarbeiter« ähnlich sind, »der sein Leben lang nichts anderes macht als eine bestimmte Schraube oder Handhabe, worin er dann freilich eine unglaubliche Virtuosität erlangt«.

Bei der Bewertung dieses Vorgangs – es geht um ein langsames, aber stetiges Rutschen auf schiefer Ebene – setzt dann der berühmte Streit ein: Zwischen Rechts und Links, zwischen Bund und Ländern. Wer sich darum bemüht, unparteiisch zu urteilen, wird zu dem Ergebnis kommen, daß hier eine Zeittendenz wirksam ist, welche die einen wie die anderen ergriffen hat. Gewiß: Skepsis und Wut gegenüber der Bildungsexpansion waren auf der Rechten größer als auf der Linken; und eine Korrektur der Fehlentwicklungen auf der Seite des (an der Bildungsfinanzierung viel geringer beteiligten) Bundes wäre sicherlich eher zu bewerkstelligen als auf der Seite der Länder – unbestreitbar aber wird heutzutage weder bei den einen noch bei den anderen akzeptiert, daß es weniges gibt, was für Deutschland so wichtig wäre wie ein funktionierendes, geräuschlos ineinandergreifendes System von Bildung und Forschung. Wenn die sozialdemokratische Opposition im Bundestag die seit Jahren anhaltende Austrocknung des Hochschulbaus kritisiert, wird der christdemokratische Ressortminister mit kühlem Hinweis auf dramatische Eingriffe in irgendeinem sozialdemokratisch verantworteten Haushalt antworten, zum Beispiel auf den Plan der niedersächsischen Landesregierung, in den nächsten vier Jahren eintausendeinhundert Stellen (bzw. Stellen-Äquivalente à 60 000 DM) an den dortigen Hochschulen einzusparen. Zänkisches Aufrechnen bringt niemandem etwas. Es ist wie bei einem Banksafe mit zwei Schlüsseln: Entweder man öffnet das Fach gemeinsam, oder die Tür bleibt zu.

Man könnte, um die Lage der dreihundertachtzehn deutschen Hochschulen zu charakterisieren, sehr viele Beispiele heranziehen, Universitäten wie Fachhochschulen. Zwei Exempel aus unterschiedlichen Regionen mögen genügen. Ein norddeutsches, ein süddeutsches, eines aus einem sozialdemokratischen, eines aus einem konservativen »Biotop«, die Universität Hamburg und die Universität Heidelberg. Die Bilder gleichen sich wie zwei Abzüge einer Fotografie.

In Hamburg beschloß der Senat der Freien und Hansestadt für 1995 Stellenstreichungen an der Universität in Höhe von 7,1 Millionen DM. Gleichzeitig kündigte die Behörde an, daß weitere, vermutlich höhere »Stellenstreichauflagen« für die Jahre 1996 und 1997 zu erwarten seien. Die Universität veröffentlichte daraufhin im Oktober 1994 einen Bericht zu ihrer Struktur- und Entwicklungsplanung, in dem sie resigniert feststellte, daß die Ziele und Vorgaben ihres »fachbezogenen Struktur- und Entwicklungskonzepts« gescheitert seien. In der unnachahmlich hermetischen und gleichzeitig melancholischen Kollektivsprache moderner Universitätsgremien heißt es:

»Auf dieser Grundlage beschloß der Akademische Senat, die Fachbereiche der Universität Hamburg um eine Darstellung der Auswirkung der nunmehr erkennbaren Sparauflagen auf ihre Fächer bis zum Jahr 2005 zu bitten. Der Akademische Senat bat den Präsidenten, bis Ende des Jahres 1994 eine Gesamtdarstellung der Universitätsentwicklung auf dieser Grundlage vorzulegen, die gegenüber der Behörde für Wissenschaft und Forschung, dem Senat der Freien und Hansestadt Hamburg, der Bürgerschaft sowie der hochschulpolitischen Öffentlichkeit die Möglichkeiten der Sparauflagen deutlich machen soll. Ferner beauftragte er den Universitätspräsidenten, gegenüber der Behörde für Wissenschaft und Forschung weiterhin auf eine Absenkung und Streckung der Einsparverpflichtungen zu bestehen. Dabei soll deutlich gemacht werden, daß eine Streckung und Herabsetzung der für 1996 und 1997 vorgesehenen Einsparungen im Stellenbereich notwendig ist, wenn schwerste Schäden für die Universität abgewendet werden sollen.«[9]

Nicht anders der Casus Heidelberg. Das zuständige Ministerium verfügte eine auf Dauer wirksame Senkung der meisten Haushaltsansätze um fünf Prozent. Im Investitionshaushalt werden deutlich mehr als dreißig Prozent der disponiblen Investitionsmittel im Vergleich zum Vorjahr gestrichen. Im Rechenschaftsbericht des Rektors für die Amtszeit 1994/95 wird vermerkt:

»Auf Grund dieser Daten muß deutlich festgestellt werden: Die aktuellen Haushaltsentscheidungen gehen in die falsche Richtung. Schon mit den bisherigen Investitionsansätzen war die Universität nur unvollkommen in der Lage, den notwendigen Ersatz bei existierenden technischen Einrichtungen und wissenschaftlichen Geräten vorzunehmen, geschweige denn auf die neuen Herausforderungen moderner Technologieentwicklung angemessen zu reagieren. Die jetzt

anstehenden Kürzungen treffen auf einen erhöhten Investitionsbedarf bei der durch die Alters-
struktur der Professorenschaft bedingten Welle
von Wiederbesetzungen von Lehrstühlen. Die
vorgenannten dramatischen Einschnitte in unsere
Investitions- und damit Konkurrenzfähigkeit
gefährden die Qualität von Lehre und Forschung
an der Universität Heidelberg, aber letztlich auch
den Wissenschaftsstandort Deutschland.«[10]

Jeremiaden? Das Gekreisch professioneller Klage-
weiber? Die gängigen Übertreibungen bei Verhand-
lungen im Basar? Wer so urteilt, vergißt, daß die
Politik der »Überlast« (Studierende als »Last«!) seit
zwei Jahrzehnten praktiziert wird. In dieser Frist hat
sich die Zahl dieser Studierenden auf 1,8 Millionen
fast verdoppelt. Der Umschlagpunkt liegt bei jeder
Hochschule an anderer Stelle. Manche können noch
ein Jahrzehnt eine ausreichende Qualität von Forschung und Lehre garantieren, andere sind schon
ruiniert oder pfeifen, salopp gesagt, aus dem letzten
Loch. Der dramatische Kern der Botschaft aber
ergibt sich aus der Tatsache, daß die Kürzungen in
den Haushalten des Bundes und der meisten Länder
in den kommenden Jahren vermutlich noch drasti-
scher sein werden als in den vergangenen. Die Vorstellung, daß die immer chaotischer werdenden Studienverhältnisse durch eine »Effizienzrevolution«

an den Hochschulen selbst geordnet werden könnten, wäre nur realistisch, wenn der Staat eine geradezu revolutionäre Veränderung in Struktur, Aufbau und Management der Hochschulen veranlaßte. Aber solch eine Revolution ist nirgends erkennbar. So rinnt das System aus wie eine Sanduhr, sehr langsam, sehr stetig, sehr gut zu beobachten. Und weil dieser Prozeß sehr leise vor sich geht, scheint er auch niemanden zu beunruhigen.

Die hausgemachte Strukturkrise

Die deutschen Hochschulen werden von außen bedrängt – die Ansprüche der Gesellschaft werden immer härter, der Staat wird bei der Organisierung dieser Ansprüche immer schwächer, also wächst die Bedeutung der Konkurrenz. Aber natürlich waren die Universitäten immer nur (und sinnvollerweise) *eine* Säule des Wissenschaftssystems, gedacht als Ort einer universalen, interdisziplinären Kommunikation über die Prinzipien des Wissens. Je stärker die Hochschulen durch das, was sie die »Lehrbelastung« nennen, gebeutelt werden, desto größer die Gefahr der Auswanderung der Forschung – der Grundlagenforschung in die Max-Planck-Gesellschaft, der angewandten, in Kooperation mit der Wirtschaft durchgeführten Forschung in die Fraunhofer-Gesellschaft, der langfristigen Leitprojekte zu den Großforschungseinrichtungen, die sich jetzt zu einer Helmholtz-Gemeinschaft zusammengeschlossen haben. Es ist klar, daß durch diesen Prozeß das Grundkonzept ins Rutschen kommt – die Idee Bildung durch Wissenschaft. Wenn es das Ziel der tüchtigsten Forscher ist, nach einer Anfangsposition an der Universität so schnell wie möglich Direktor in irgendeinem Max-Planck- oder Fraunhofer-Institut zu werden, gerät die Formel von der Einheit von

Forschung und Lehre rasch zur Phrase. Das hat dann für das bildungspolitische – und geistige – Gesamtkonzept der Gesellschaft schmerzhafte Konsequenzen, zum Beispiel weil bestimmte Gebiete, so etwa die Geisteswissenschaften mit ihrem vielfältigen Spektrum »kleiner Fächer«, vor allem in den Universitäten betrieben werden. Was ist dann mit Ethikkompetenz, Orientierungswissen, Kulturwissenschaften?[11] Der von keiner Zentrale mehr gesteuerte Selbstlauf dieser Entwicklung – eine große Gesellschaft besorgt sich schon die Forschung, die sie braucht; und wenn die Universitäten ausfallen, schafft sie sich alternative Organisationsformen – ist problematisch genug. Es wäre aber ganz falsch, so zu tun, als ob die Hochschulen nur von außen, von Gesellschaft und Staat, in Frage gestellt würden. Sie gefährden sich auch selbst. Ihre Strukturkrise ist zu einem Teil selbstverursacht, hausgemacht, und zwar durch sektorielles Denken, Abfall von der Idee der Universalität, die »Bodenlosigkeit des Spezialistischen«, wie Karl Jaspers das schon 1932 in einer berühmten Zeitdiagnose gesagt hat. Vierzehn Jahre später hat er das böse Urteil vom »Absinken der Idee in der Institution«[12] hinzugefügt. Die Idee sinkt immer weiter ab.

Denn neben Forschung, Unterricht und Erziehung ist die eigentliche Aufgabe der Universität Kommunikation. Es geht nicht um irgendwelche

Sinnfragen; die Habilitation versetzt den Wissenschaftler nicht in den Stand der Gnade. Es geht um die Bereitschaft der Disziplinen, Forschungsprozesse und Forschungsergebnisse mit der Lebenspraxis handelnder Menschen in Beziehung zu setzen, also den zukünftigen Arzt, Juristen, Kaufmann oder Lehrer auf das konsensfähige Argumentieren vorzubereiten, zu dem er in der Lage sein sollte, wenn er mit Forschungsergebnissen hantiert, selbst forscht oder Forschungsergebnisse weitervermittelt.[13] Es geht, wie Jürgen Habermas es ausgedrückt hat, um jene »Rückübersetzungen von wissenschaftlichen Resultaten in den Horizont der Lebenswelt, die es erlauben würden, den Informationsgehalt technischer Empfehlungen in Diskussionen über das im allgemeinen Interesse praktisch Notwendige einzubringen. (...) Es geht darum, einen praktisch folgenreichen Wissensstand nicht nur in die Verfügungsgewalt der technisch hantierenden Menschen weiterzugeben, sondern auch in den Sprachbesitz der kommunizierenden Gesellschaft zurückzuholen. Das ist heute die Aufgabe einer akademischen Bildung, die nach wie vor von einer der Selbstreflektion fähigen Wissenschaft übernommen werden muß.«[14] Die Frage ist: Wie erreicht man, daß ein künftiger Maschinenbauingenieur arbeitswissenschaftliche Erkenntnis vermittelt bekommt? Wo setzt sich der künftige Arzt mit der radikalen Kritik Ivan Illichs am

Gesundheitssystem der Industriegesellschaft ausein-
ander? Was erfährt der Physikstudent von den Rea-
litäten des Ingenieurwesens und was der Politikwissenschaftler von moderner Wehrtechnik, die ihn in
den Stand setzt, Alternativen zu archaischen Formen des Krieges aufzuzeigen?

Kein vernünftiger Mensch wird gegen den Zwang
zur Spezialisierung in der modernen Wissenschaft
Sturm laufen. Die Frage ist, was – institutionell –
getan wird, um Isolierung, Erstarrung, Atomisie-
rung der Fächer zu verhindern. Die interessantesten
Entwicklungen finden an den Schnittstellen,
genauer gesagt: in den Schnittmengen mehrerer Disziplinen statt. Das heißt, die Krise der gegenwärtigen Universität ist eine Krise der Ordnung des Wissens in Disziplinaritäten und Fachlichkeiten.

Unnachahmlich hat das wieder Karl Jaspers
beschrieben, und zwar 1946, also *vor* dem, was
geplagte Professoren mit Metaphern wie »Über-
schwemmung« oder »Überflutung« zu beschreiben
suchen. »Man hat das Verhalten von Fakultätsmit-
gliedern verglichen mit dem der Affen auf den Pal-
men im heiligen Hain von Benares«, schrieb der
souveräne, also respektlose Philosoph. »Auf jeder
Kokospalme sitzt ein Affe, alle scheinen sehr fried-
lich und kümmern sich gar nicht um einander; wenn
aber ein Affe auf die Palme eines anderen klettern
möchte, so gibt es eine wilde Abwehr durch das

Werfen mit Kokosnüssen. Die Tendenz solcher gegenseitiger Rücksicht geht dahin, schließlich jedem in seinem Bereich seine Willkür und zufällige Richtung zu erlauben, so daß das Wesentliche der Universität nicht mehr gemeinsame Angelegenheit, sondern nur jeweils die des Einzelnen ist, während das Gemeinsame ›taktvoll‹ auf das Formale sich erstreckt. (...) Man vermeidet substantielle Kritik.«[15]

Die moderne Version dieser Kritik stammt von Jürgen Mittelstraß. Viertausend Fächer zählt der Deutsche Hochschulverband mittlerweile. »Die schon fast beliebige Zusammenstellung von Fächern zu Fachbereichen und die vielerorts erfolgte (...) Auflösung der großen alten Fakultäten bis hin zu Ein-Fach-Fakultäten – ich nenne sie die McDonald's der neuen Hochschulstruktur – nimmt zu. Die Unüberschaubarkeit der Wissenschaft, die in Forschungsdingen ihre produktive Unendlichkeit ausmacht, setzt sich völlig unnötigerweise in ihre organisatorischen und institutionellen Formen hinein fort. Und wer deren ›Vernunft‹ sucht, stößt häufig nur auf institutionelle Ignoranz oder auf die Subjektivität von Hochschullehrern, die sich nach Art akademischer Herzöge ihre Institutionen bauen. Das aber bedeutet: Den Universitäten entgleiten zunehmend ihre wissenschaftlichen Strukturen und damit auch ihre Idee.«[16] Die Folge? Die Universität gibt tausend Einzelantworten, traut sich eine Synthese und die Arbeit der Zuspitzung aber gar nicht mehr zu. So erwartet die Gesellschaft gar nicht mehr, daß sie von der Universität auf ihre brennenden Fragen Antworten bekommt. Das mindert den Respekt und die Zahlungsbereitschaft. Den Universitäten ist ihr Charisma verlorengegangen; und gelegentlich sind sie auch noch stolz darauf.

Man kann das an fast allen großen Fragen der Zeit darstellen. So wird die Umweltforschung, die das Bewußtsein der Menschen der europäischen Industriegesellschaften in den letzten zwei Jahrzehnten mehr geprägt hat als jede andere Forschungsrichtung, vor allem außerhalb der Universitäten betrieben. Meeresforschung, Polarforschung, Klima- und Atmosphären- sowie Binnengewässerforschung liegen überwiegend bei hochschulexternen Forschungsinstituten, weil die »disziplinär«, vielfach nach einzelnen Lehrstühlen organisierten Hochschulen für interdisziplinäre Forschungsprogramme oft genug ungeeignet sind. Die weitgehend festliegende Verteilung der knappen Grundausstattungen auf Institute und Lehrstühle, die Autonomie der Professoren, die Entscheidungsschwäche der Kollegialorgane und die geringen Befugnisse von Hochschulleitungen, Senaten und Dekanen machen eine Konzentration der Kräfte schwer, gelegentlich unmöglich. Weil Großgeräte und langfristige Meß-

und Analyseprogramme teuer sind und hohe Anforderungen an das Forschungsmanagement stellen, gehen die Aufträge an den Universitäten vorbei. So wird die Einzelforschung bei Max-Planck- oder Helmholtz-Instituten geleistet, die öffentliche Problematisierung durch sensible Politiker oder Publizisten wie Erhard Eppler oder Robert Jungk. Die Universitäten spielen in dieser Jahrhundertdebatte keine Rolle.

Ähnlich beim wichtigsten innenpolitischen Problem Deutschlands. Auch der Kampf gegen die Arbeitslosigkeit ist ein »Schnittmengenproblem«. Zwar hat sich die Volkswirtschaftslehre an vielen unserer Universitäten inzwischen einer mathematischen Hochrüstung unterzogen. Regelungsmechanismen, wie sie aus der Elektrotechnik bekannt sind – mit sich selbst verstärkenden Prozessen –, scheinen vielen dieser Institute aber nach wie vor fremd zu sein. Man sollte doch meinen, daß es in den deutschen Universitäten – an denen einmal der berühmte »Verein für Socialpolitik« entstand – eine kritische Diskussion darüber geben sollte, ob die von der Deutschen Bundesbank zugrunde gelegten volkswirtschaftlichen Modelle wissenschaftlich schlüssig sind. So hat die Bundesbank zum Beispiel in Zeiten einer inversen Zinsstruktur die »Geldmenge M 2« dadurch zu begrenzen gesucht, daß sie die Zinsen hochgehalten hat. Dies mußte offenkundig dazu führen, daß die Geldmenge weiter aufgebläht wurde; denn es war viel rentabler, Kapital in Termingeld anzulegen als in Sachinvestitionen. Selbstverständlich kann man dieses Argument überprüfen, diskutieren und auch zurückweisen. Wenn es freilich an vielen Knotenpunkten der Gesellschaft, nicht aber in der Universität debattiert wird, verliert die Universität ihre Funktion als Resonanzboden, Lebensmacht, Kommunikationsraum. Welche Wechselwirkungen zwischen Bundesbank, öffentlichen Haushalten, Sozialversicherungen und investitionsfördernden steuerlichen Lösungen existieren und wie daraus eine wissenschaftlich fundierte Politik gestaltet werden könnte, das sind Fragen, die an unseren Universitäten kaum eine Rolle spielen. Und warum? Die Realität ist frech genug, sich über Fakultätsgrenzen hinwegzusetzen; viele Professoren sind es nicht. Die soziale Frage des neunzehnten Jahrhunderts wurde von Männern wie Lujo Brentano oder Max Weber leidenschaftlich diskutiert. Zur sozialen Frage des späten zwanzigsten Jahrhunderts dagegen schweigt die deutsche Universität.

Diese Liste der Versäumnisse ließe sich fortsetzen. Als 1989 der Ostblock zusammenbrach und der ethnische Nationalismus fröhliche Urständ feierte, reagierten englische und französische Universitätsgelehrte spontan. In rascher Folge erschienen große Studien von Eric Hobsbawm, Immanuel Wallerstein

oder Etienne Balibar.[17] Die deutsche Universität
aber, die einst – man denke an Treitschke – bei der
»nationalen« Einigung eine entscheidende Rolle
gespielt hatte, schwieg sich aus. Obwohl die deutsche Regierung bei der Konzeption einer politischen
Antwort auf den Nationalismus, also in der Europa-
politik, eine entscheidende Rolle spielt, gibt es an
über dreihundert deutschen Hochschulen nur ein
einziges Forschungszentrum, das sich mit diesem
Problemkomplex beschäftigt: Werner Weidenfelds
Forschungsgruppe »Europa« an der Ludwig-Maxi-
milians-Universität in München und sein »Centrum
für angewandte Politikforschung« (mit sechzig Mit-
arbeitern). Daneben? Ein Graduiertenkolleg um
Beate Kohler-Koch in Mannheim sowie Einzelakti-
vitäten von Wolfgang Wessels in Köln und Rudolf
Hrbek in Tübingen. Das ist alles.

Nicht viel anders bei einer der großen Herausforderungen der nächsten Jahrzehnte, der Umwand-
lung der Industriegesellschaft in eine Informationsgesellschaft. Aus den Vereinigten Staaten kommen
die technizistischen Visionen (Nicolas Negroponte
vom Media Lab des MIT) und die neuen Geschäfts-
konzepte (Bill Gates von Microsoft). Aus Frankreich kommt die Kulturkritik, ob christlich (Paul
Virilio) oder nietzscheanisch orchestriert (Jean Baudrillard). In Deutschland dagegen wird gehorsam
rezipiert. Kommunikationswissenschaft, Informa-

tik, Ikonologie und Mikroelektronik bleiben fein separiert. Für das eine Thema bleibt die klassische Elektrotechnik (Schwachstrom) zuständig; für ein anderes die Chemie oder die »Publizistik«. Nur bedauerlich, daß das Phänomen »Multimedia« – was immer das sei – sich in die Strukturen deutscher Universitätsdisziplinen nicht einfügen mag.

Wohl gemerkt: das Problem liegt nicht in der Tatsache, daß entscheidende Anregungen und Neuerungen der Wissenschaft oft genug nicht von den bestellten Mandarinen der Universitäten kommen. Das war immer so. Der Renaissance-Humanismus entstand außerhalb und gegen die scholastischen Universitäten. Die philosophische und naturwissenschaftliche Erneuerung im siebzehnten Jahrhundert (Descartes, Spinoza, Leibniz, Pascal, Kepler) kam wieder von außerhalb. Auch in neuerer Zeit gab es viele Häretiker, die gewaltige Wirkungen ausgelöst haben; man denke nur an Marx, Freud, Nietzsche und Aby Warburg. Daß die Universitäten kein Monopol auf das Aufwerfen, Durcharbeiten, Zur-Debatte-Stellen und Lösen neuer Fragen haben, ist selbstverständlich. Daß sie aber mehr und mehr dazu übergehen, die Behauptung aufzustellen, ihre Erstarrung und Langweiligkeit sei legitim und sogar notwendig, ist ein Skandal. Und das hängt natürlich mit der Philosophie zusammen, mit der zentralen Disziplin, mit der Humboldt in ein paar denkwürdigen Monaten des Jahres 1809 die aufklärerische Zunft-Universität aus ihrer Erstarrung riß. Die Pointe der Berliner Modellgründung Wilhelm von Humboldts war die Aufwertung (und Umgestaltung) der alten Artistenfakultät zur zentralen Stelle der deutschen Universität.

Über den Stand der Philosophie in Deutschland muß man zuerst ähnliches anmerken wie über Umweltforschung, Nationalismusforschung, Kommunikationsforschung oder die Analyse des Problems der Arbeitslosigkeit. Die Philosophie schweigt mehr und mehr zu den drängendsten Einzelfragen der Zeit. Vittorio Hösle hat den bedauernswerten Zustand des philosophischen »Geforschs« – wie er in Anlehnung an Heideggers »Gestell« sagt – überzeugend dargelegt[18]: Die Philosophie habe ihre Existenzberechtigung gegenüber den Einzelwissenschaften verspielt, vernehme den Notruf der eigenen Zeit nicht mehr oder nehme ihn, wenn sie ihn denn vernehmen sollte, nicht ernst. »Nicht daß Untersuchungen zu Dorias Einfluß auf Vico, zu Croces Vico-Buch, Collingwoods Übersetzung von Croces Vico-Buch (und weiter ad infinitum), nicht daß neuartige Formalisierungen der Funktionsweise singulärer Termini illegitim wären: Sie verdienen durchaus ein wenn auch beschränktes Interesse. Ja, wenn nicht die nächsten Jahrzehnte gewaltige politische Krisen bringen würden (was sie gewiß tun werden), dann würde ganz natürlich und unvermeidlicherweise in einer automatisierten Welt, in der körperliche Arbeit immer überflüssiger wird, ein immer größerer Teil der Bevölkerung der Ersten Welt sich von derartigen alexandrinischen Eruditionsleckerbissen nähren; eine Kaste teils sachorientierter und deswegen liebenswürdiger, teils seelisch und geistig verkümmerter Gelehrter, deren Hauptfreude darin bestünde, herauszufinden, wie oft ihre Werke zitiert worden sind. (...) Doch so sehr auch derartige Studien legitim sein mögen – illegitim ist es auf jeden Fall, sie als die eigentliche Philosophie auszugeben. Philosophie ist ›ihre Zeit in Gedanken erfaßt‹, und man wird schwerlich bestreiten können, daß unsere Zeit für den philosophischen Gedanken eine nicht zu unterschätzende Herausforderung darstellt, der man mit Studien jener Art nicht gerecht zu werden vermag. So ist es beklemmend, wie wenig die Gegenwartsphilosophie zur Lösung aktueller Fragen leistet.«[19]

Diese Analyse ist so bitter wie treffend; man muß ihr nichts hinzufügen. Natürlich gab es und gibt es immer ein paar Ausnahmen; früher der (inzwischen verstorbene) Paul Lorenzen oder die Emeriti Karl Otto Apel und Jürgen Habermas, heute Julian Nida-Rümelin oder eben das (1961 geborene) Junggenie Vittorio Hösle. Alle Pauschalaussagen über *die* deutsche Universität sind falsch; in diesem riesigen

System gibt es immer Nischen, Taschen, unterirdische Gänge und von Spinnweben verdeckte Bodenkammern. Im Ganzen aber ist die Diagnose Hösles zutreffend.

Allerdings darf man den zentralen Einwand, der gegen sie vorgebracht wird, nicht verschweigen. Er lautet: Eine geistige Synthese der Kultur- und der Naturwissenschaften ist gar nicht mehr möglich. »Klassisch« hat dies der bedeutende Soziologe Helmut Schelsky in seinem Buch »Einsamkeit und Freiheit – eine Studie über Idee und Gestalt der deutschen Universität« durchargumentiert. Er beschwört Ernst Robert Curtius (»Bauchrednerei der Synthese«) und natürlich Arnold Gehlen: »Über den Kosmos der Wissenschaften schlechthin kann man nur dilettantisch reden.«[20] Die Pointe dieser Argumentation ist klar. Es ist Gehlens Einfall, daß die Ideengeschichte abgeschlossen sei und wir nun im »Posthistoire« angekommen seien. Die (französischen) Nachgeburten dieser Theorie – zum Beispiel bei Jean-François Lyotard – werden derzeit in vielen philosophischen Seminaren der deutschen Universitäten hingebungsvoll seziert. Die Franzosen schenken uns unsere Urgroßväter und Großväter kräftig ein, Friedrich Nietzsche zum Beispiel oder Martin Heidegger.

Biographisch und psychologisch ist die Abwehrhaltung vieler Gelehrter leicht zu erklären: Der

Nationalsozialismus hatte der Mehrzahl der deutschen Ordinarien das Genick gebrochen. Sie hatten zugesehen, wie ihre jüdischen oder sozialdemokratischen Kollegen in die Emigration oder die Konzentrationslager getrieben wurden. Sie hatten weitergemacht. War es ein Wunder, daß sie sich nach 1945 der Idee von Max Weber anschlossen, für Werte könne man sich nur »dämonisch« entscheiden? Die Leugnung einer eigenen Wertrationalität – also die Behauptung, daß die Frage, welche Werte die besseren seien, überhaupt nicht rational beantwortet werden könne – war die höchst verständliche Konsequenz aus der Mittäterschaft oder der Mitläuferei. Die alten Ordinarien der NS-Universität sind längst tot. Die Timidität und das hilflose Spezialistentum vieler ihrer Nachfolger und Nachnachfolger speist sich aber noch aus deren Erfahrungen. Vorsicht, sagen sie sich, ist die Mutter der Porzellankiste. Die »Bodenlosigkeit des Spezialistischen« an der deutschen Universität der neunziger Jahre hängt durchaus mit der weltanschaulichen Entschiedenheit der deutschen Universität in den dreißiger und vierziger Jahren zusammen.

Allerdings ist der moderne Wertskeptizismus, der die deutsche Universität beherrscht, mit historischen und psychologischen Argumenten nicht zu erledigen. Deshalb attackiert Hösle ihn auch philosophisch. Ihm sei, sagt er, »kein stichhaltiges Argu-

ment bekannt, daß eine solche Synthese, wie sie
mehreren Philosophen der Vergangenheit für ihre
Zeit geglückt ist, aus objektiven, das heißt in der
Natur der Vernunft oder der Welt gegründeten
Ursachen, unmöglich sei: Im Gegenteil glaube ich,
daß sie zumindest die regulative Idee jeder philosophischen Reflektion ist, die sich selbst versteht,
und daß die Suche nach dem Ganzen und dem
Einen, in dem die Spaltungen des Bewußtseins einer
Epoche zu einem Ausgleich gebracht werden, das
ist, was man Philosophieren nennt.«[21] Nur eine derartige Haltung könnte die deutsche Universität »retten«.

Der Realitätsbezug der Universität

Wie heißt der am tiefsten in das deutsche Bewußtsein eingedrungene Spruch über die deutschen Universitäten? »Unter den Talaren – Muff von tausend
Jahren.« Die Studentenrevolte von 1968 hat zwar
keine rationale, also »technokratisch« zureichende
Hochschulreform zustande gebracht oder auch nur
angestoßen. Mit ihrer Kritik an der Korporation
Universität aber hat sie sich durchgesetzt, so weit,
daß viele Bildungspolitiker heute glauben, daß sie
die gewaltige Finanzierungslücke im Hochschulwesen allein mit »Effizienzgewinnen«, also strukturellen Reformen der Hochschule, bewältigen könnten.

Kein Zweifel: Die deutsche Universität als nur
leicht modifizierte Korporation von akademischen
Produktionsmittelbesitzern, genannt »Lehrstuhlinhabern«, ist nicht wendig genug, weder bei der Auseinandersetzung mit einer sich rasch verändernden
Außenwelt noch beim effizienten Einsatz der nicht
ausreichenden, aber gleichwohl gewaltigen Mittel
(schon 1987 20,504 Milliarden DM), die die Steuer-
zahler aufbringen. Aber man muß die Kritik richtig
dosieren und adressieren. Weder sind die Hochschulen des Jahres 1996 Elfenbeintürme, noch sind sie
allein für ihre Verhärtungen, Stockungen, Unbe-
weglichkeiten verantwortlich. Im Scheitern vieler

Reformen – die oftmals seit 1918/19, gelegentlich auch schon seit 1848 debattiert werden – liegt auch Staatsversagen, das heißt die Unfähigkeit des politischen Systems, notwendige Veränderungen durchzusetzen. Nichts zeigt dies deutlicher als der zähe Widerstand gegen das Hochschulrahmengesetz zwischen 1972 und 1976. Schon wenige Jahre nach Erlaß dieses am Ende durch vielfache Kompromisse durchlöcherten Gesetzes erschien es beim überwiegenden Teil der Bildungsbürokratie der Länder und der Hochschulen als so »revolutionär«, daß es (1985) noch einmal zurücknovelliert werden mußte.

Falsch ist ohne Zweifel das gelegentlich immer noch herumschwirrende Klischee der humboldtschen Universität ohne Praxiskontakt und Anwendungsbezug. Der traf nicht einmal die alte Berliner Reformuniversität von 1809 ganz und gar; schon in ihr hatte sich eher der Praktiker Schleiermacher als der radikale Reformer Humboldt durchgesetzt. Auch sie war in weiten Teilen eine höhere Spezialschule für brauchbare Staatsdiener und keineswegs nur Pflanzstätte für eine Reflexionselite. Heutzutage sind Hunderte Studiengänge höchst praxisorientiert, und zwar nicht nur an den Fachhochschulen (die immerhin ein knappes Viertel der Studierenden ausbilden und bei denen Praxiskontakte konstitutionelles Element der Lehre sind), sondern auch bei den Universitäten. Mißverständlich ist auch die

Rede vom fehlenden »Anwendungsbezug«. Erstens sollten sich die Universitäten auf »mission oriented research« konzentrieren; die Entwicklung marktreifer Produkte ist die Aufgabe der Industrie. Und zweitens ist die in der Tat höchst bedauerliche Tatsache, daß die Absolventen deutscher Universitäten viel zu selten Garagenfirmen gründen, kein exklusiver Fehler des Hochschulsystems.[22] Die Universitäten kämpfen nicht entschieden genug gegen die innovationsfeindliche Mentalität in Kontinentaleuropa, das ist wahr. Aber daß wir kein Risikokapital, eine falsche Steuergesetzgebung, ein rigides Insolvenzrecht und ein stockkonservatives Bankensystem haben, ist nicht die Schuld der Hochschulen. Man kann den Hochschulleuten so viele richtige Vorhaltungen machen, daß falsche durchaus entbehrlich sind.

Berechtigter ist schon der Hinweis, daß die Hochschulen (insbesondere: die Universitäten) nicht recht fähig waren, ihre Studiengänge auf die Anforderungen der Berufspraxis und die Aufnahmefähigkeit der Studierenden abzustellen.[23] Das Geraufe um die Notwendigkeit der Funktionsanalysis und der Quantenmechanik für den normalen Diplomphysiker, der zähe Kampf um die Zahl der Gußfüllungen beim Zahnmediziner und um die notwendigen Linguistik- oder Altfranzösischkenntnisse beim Lehrer blieb bald mehr, bald weniger ergebnislos.

Eine großangelegte Studie über »Hochschulpolitik im internationalen Vergleich«, die den quälenden Prozeß der sogenannten »Studienreform« seit Erlaß des Hochschulrahmengesetzes von 1976 schildert, kommt zu dem lakonischen Ergebnis: »Die Studienreform wurde nicht weiterbetrieben.«[24] Inzwischen verliert der Staat die Geduld. Die nordrhein-westfälische Landesregierung gibt inzwischen Eckdaten für Studium und Prüfungen vor und hat für dieses Vorgehen inzwischen auch den Segen des Bundesverfassungsgerichtes erhalten.[25]

Das eigentliche Problem aber liegt in der vorsintflutlichen Managementstruktur der Hochschulen; und dieses Defizit haben Staat und Hochschule höchst gemeinsam verursacht. Die Absicht des Hochschulrahmengesetzes von 1976, die Hochschulleitungen und die Fachbereiche handlungsfähig zu machen, wurde von einer großen Koalition zwischen Bildungsbürokratie und Lehrstuhlinhabern unterlaufen. Die Hochschulen könnten innovativer und flexibler sein, wenn sie mehr Eigenverantwortung hätten; dazu müßte man aber ihre inneren Strukturen verändern. So lange Professoren und Ministerialräte zusammenspielen, weil sie von der in Jahrhunderten gebildeten Überzeugung ausgehen, daß sie sich mit ihren traditionellen bürokratischen Verfahren gegenseitig am besten kalkulieren können, hat eine Reform keine Chance. Inzwischen gibt es immerhin ein paar »Modellversuche« zur Stärkung der Hochschulleitungen (Nordrhein-Westfalen) oder zur Erweiterung der budgetären Flexibilität (Baden-Württemberg, Niedersachsen). Wohin sie führen, kann man noch nicht übersehen.

So vollzieht sich der Alltag der Universitäten nach uralten Zeremonien. Das Budget wird, gegliedert nach einzelnen Titeln, im voraus detailliert festgelegt. Die Mittel dürfen nur in den betreffenden budgetierten Ausgabenkategorien ausgegeben werden. Hochschulen erhalten nicht einfach Geld für Personalkosten, sondern »Stellen«. Diese Personalmittel können nicht verschoben werden; das zementiert bestehende Strukturen. Es dürfen Mittel nicht ins folgende Steuerjahr übertragen werden; also bricht Dezember für Dezember wildes Ausgabenfieber aus. Die »Institutionsleiter«, ob Präsidenten, Rektoren oder Dekane, haben kaum frei verfügbares Geld; sie können also auch bei bestem Willen nur eine höchst begrenzte Eigeninitiative entfalten. Dieses System perpetuiert die einmal eingerasteten Macht- und Beziehungsverhältnisse. Das Rahmengesetz von 1976 wollte dies ändern. Was daraus geworden ist, schildert die schon zitierte Studie über »Hochschulreformen im internationalen Vergleich« so: »In der Realität sieht es (...) so aus, daß sich der Fachbereich nicht zu einer entsprechenden wichtigen Organisationseinheit entwickelt hat, die Rolle der Präsidenten sich gegenüber der der Rektoren nicht wesentlich geändert hat, der Einfluß der Bundesländer auf die Hochschulen mit der Schaffung der Präsidialstruktur nicht geringer geworden ist und die Befugnisse der Lehrstuhlinhaber nicht eingeschränkt wurden.«[26] Alte, aber zähe Machtstrukturen widerstanden einem Reformimpuls, der ehrwürdige Institutionen an eine neue Zeit anpassen wollte.

Einer der Gründe für die Stabilität des deutschen Bildungssystems (und die Langsamkeit bei seiner Veränderung) ist der Föderalismus. Die regionale Gewaltenteilung verhindert zentralistisches Gehabe, begünstigt aber eben auch alte Arrangements. Schon das Hochschulrahmengesetz von 1976 konnte verschiedene Ideen nicht konsequent formulieren, weil die konservativ regierten Länder im Bundesrat eine Veto-Macht gegenüber der sozialliberalen Koalition im Bund hatten. Später verlor der Bund alle Courage in der Bildungspolitik. Die Bildungsplanung wurde 1972 eingestellt, der Versuch des Bildungsministers Helmut Rohde, die Aufgabenverteilung zwischen Bund und Ländern den neueren Entwicklungen anzupassen, schnöde abgewiesen. 1985 wurde das Hochschulrahmengesetz weiter entschärft; die Hochschulen bekamen wieder mehr Kompetenzen bei der Gestaltung der Studiengänge, die Professoren mehr Rechte bei der Akquisition und Verwendung von Forschungsmitteln. In den neunziger Jahren, nachdem sich die Zahl der Bundesländer (und die Komplexität der Entscheidungsprozesse) durch die Wiedervereinigung noch einmal erhöhte, gibt sich der Bund bildungspolitisch niedergestimmt, desinteressiert und timide. Die Länder auf der anderen Seite stoßen (mit wenigen Ausnahmen) an die Grenzen ihrer finanziellen Leistungsfähigkeit. Der Bund trägt ganze 16,5 Prozent der öffentlichen Haushaltsmittel für die deutschen Hochschulen und ist es zufrieden. Er rafft sich weder zu einer Verstärkung der eigenen Aktivitäten noch zu einer Besserstellung der Länder bei der Steuerverteilung auf. Man belauert sich gleichmütig. Die Prozeduren sind zäh, das Geld ist knapp, wer vom Verändern redet, gilt als Utopist. Viele wissen, was nötig wäre; aber keiner ist in der Lage, es zu bewirken. Also unterläßt man schon eine allzu lautstarke Diskussion der miserablen Lage. Nur hin und wieder läuft einem eine Laus über die Leber. Der sagt dann (wie der frühere Vorsitzende des Wissenschaftsrates, Simon) irgend etwas Radikales, zum Beispiel, die Universitäten seien »im Kern verrottet«. Dann löst man ihn ab, und alles geht weiter wie bisher. Die Universitäten haben also durchaus »Realitätsbezug«, aber gelegentlich den falschen. Sie laufen brav und angepaßt in der Prozession mit, die von der politischen Klasse angeführt wird. Das hatten sich

Radikale wie Wilhelm von Humboldt oder Karl Friedrich Beyme vor knapp zweihundert Jahren einmal anders vorgestellt.

Studenten und Studierende

»Ich bin keine Studentin, ich studiere nur«, beschrieb eine junge Frau, eingeschrieben an der Universität Tübingen, ihren beruflichen Status. Das ist die Distanzierung vom psychosozialen Moratorium, von der Sonderexistenz zwischen Schule und Beruf, die früher das Studentenleben war. Noch Walter Benjamin bestand radikal auf der Idee, der Student müsse sich einzig und allein dem geistig-kritischen Dasein verpflichten.[27] Die Studierenden von heute sind Teil der Arbeitsgesellschaft; weder revolutionäre Avantgarde wie im Marcusianismus noch luxurierende *leisure class*. Die Zeiten, in denen man das Verhältnis von Hochschullehrern und Studierenden mit der Eltern-Kind-Beziehung (vornehmlich: der Vater-Sohn-Beziehung) vergleichen konnte, sind endgültig vorbei.

Schwer zu sagen, warum es der politischen Klasse so schwer fällt, die mit Händen zu greifenden sozialen Veränderungen in der »Studierendenschaft« zur Kenntnis zu nehmen. Immer noch tut man so, als ob man nur an ein paar Schräubchen drehen müßte, um wieder dreiundzwanzigjährige Diplomphysiker und fünfundzwanzigjährige Doktoren zu bekommen. Als ob es ein Skandal wäre, wenn ein sechsundzwanzigjähriger verheirateter Student in einer ordentli-

chen Wohnung leben will und nicht in einem leeren
Zimmer. Als ob die deutsche Wirtschaft kollabieren
müsse, wenn ihre Jungingenieure achtundzwanzig
sind. Als ob die häufigeren Außenkontakte und der
stärkere Praxisbezug die Geisteshaltung der Studierenden nicht auch positiv – im Sinne einer selbstverständlichen gesellschaftlichen Eingemeindung –
beeinflussen würde.

Früher war der Student jung, vom Elternhaus weg
an eine ferne Hochschule gezogen, lebte in einer
Bude, ledig, ungebunden, offen für das Studentenleben. Er war karg, aber ausreichend versorgt und
ganz frei, sich auf die Wissenschaft einzulassen.
Diese Situation kommt nicht wieder, und zwar
gleichgültig, welche Stipendienregelungen, Regel-
studienzeiten und Exmatrikulationsbestimmungen
die Hochschulpolitik ersinnt.

Denn als Ergebnis eines höchst komplexen und
vielfältig bedingten gesellschaftlichen Prozesses ist
ein Drittel aller Studierenden heute sechsundzwan-
zig Jahre oder älter, ein Zehntel über dreißig Jahre
alt. Ein Drittel hat vor dem Studium eine Berufsaus-
bildung absolviert; knapp die Hälfte hat Wehr-
dienst, Zivildienst, ein Praktikum oder gar eine
Erwerbstätigkeit hinter sich gebracht. Siebenund-
fünfzig Prozent der Studierenden sind verheiratet
oder haben eine feste Partnerbindung, sechs Prozent
haben eigene Kinder. Wie immer man diese Ent-

wicklung nennt: *adultification* oder frühe (bzw. frühere) »Abgeklärtheit«, das Ergebnis ist eine psychosoziale Normalisierung – im guten wie im schlechten Sinn. Das Gute: Flausen, Illusionen und Pennalismus wurden im Keim erstickt. Das Schlechte: Die Berührung mit der Arbeitswelt erzwingt ein Minimalstudium; Experimentierfreude und die Lust, mit neuen wissenschaftlichen Ideen und Denkmodellen zu spielen, nimmt ab.

Ohne jegliche Erwerbsfinanzierung sind lediglich fünfunddreißig Prozent; neunzehn Prozent sind regelrechte »Teilzeitbeschäftigte«, die Mehrzahl lebt aus unterschiedlichen Quellen: Überweisungen der Eltern, BAföG, Stipendien und eben Erwerbsarbeit in unterschiedlichem Ausmaß.[29] Angesichts dieser Wirklichkeit ist die Idee der Elterngeneration, man könne durch irgendwelche gesetzgeberischen Manipulationen auf das traditionelle Rollenmuster »Student« zurückkommen, naiv. Die Gesellschaft der Bundesrepublik wird sich daran gewöhnen müssen, daß jobbende Studierende zu neunundvierzig Prozent das Ziel verfolgen, Lücken in ihrer Studienfinanzierung zu kompensieren. Zu einundfünfzig Prozent arbeiten sie, weil sie nicht einsehen, daß sie im dritten Lebensjahrzehnt sichtbar schlechter leben sollten als die unterste Mittelschicht. Wer will, kann diese Haltung »unverschämt« finden. Bewirken wird er damit nichts.[30]

Wirtschaftsverbände, Kulturkritiker, Kultusminister und andere Wahrer des Gemeinwohls sollten also aufhören, an Symptomen herumzudoktern. Es bleibt sinnvoll, die Universitäten zu nötigen, Studienangebote zu machen, die man in einer vernünftigen Zeit durchlaufen kann. Aber da der Staat ganz außerstande sein wird, allen Leuten, die studieren wollen (und denen auch wenige Alternativen zum Studium bleiben) einen akzeptablen Lebensunterhalt zu finanzieren, wird die Privatisierung der Studienfinanzierung weitergehen. Der Student wird also auf Dauer zu einer Doppelexistenz, halb Lernender, halb Arbeitnehmer. Die Universitäten müssen darauf unsentimental eingestellt werden, zum Beispiel durch systematische Angebote an Teilzeitstudien. Derzeit liegt der Anteil der Studierenden in offiziellen Teilzeitstudiengängen unter einem Prozent; das einzige Kompaktangebot dieser Art ist die Fernuniversität Hagen.[31] Das offenbart eine abwegige Fehleinschätzung der realen Lage durch die Verantwortlichen.

Man muß diese Veränderung der Studentenschaft nicht schön finden; sie hat etliche Nachteile. Am ehesten wird sich die deutsche Gesellschaft noch damit abfinden, daß eine antikapitalistische Konvulsion[32] aus der Universität in absehbarer Zeit nicht zu erwarten ist. Nur wenn die Gesellschaft den Übergang von der Industrie- zur Informationsgesellschaft verfehlt und die Mehrheit der Studiengänge in der Arbeitslosigkeit münden sollte, wird es erneut eine Revolte geben.

Ernster ist schon das Problem, daß von der deutschen Universität derzeit wenig Dynamik ausgeht. Jene Eigenverantwortlichkeit, die einen amerikanischen Philosophieabsolventen notfalls eine Tankstelle eröffnen läßt – und zwar ohne Aggression auf einen Staat, der ihm keine A13-Stelle zuweist[33] –, entsteht an deutschen Hochschulen kaum. Wir erziehen zu wenig »unternehmende Unternehmer« im Sinne Joseph Schumpeters, also neuerungssüchtige, experimentierfreudige, sozial nicht festgelegte Protagonisten der »schöpferischen Zerstörung«[34] – und wir haben auch noch kein ausreichend raffiniertes Stipendiensystem entwickelt, das Hochbegabte – aus allen sozialen Schichten – herausfiltert und an den Zwängen zur Minimalisierung des Studiums vorbeischleußt. Es ist also noch allerhand Einstellung auf die neue Situation zu leisten. Der Weg geht von der Elitehochschule über Massensysteme hin zu einem mehr oder weniger universalen Hochschulzugang.[35]

Die deutschen Bildungspolitiker müssen die Scheinwerfer ihrer Sorge neu justieren. Der achtundzwanzigjährige Maschinenbauer, der angeblich keinen Job mehr bekommt, weil der ihm von einem vierundzwanzigjährigen Spanier weggeschnappt wurde, ist eine Schimäre; solch europäisierte Arbeitsmärkte gibt es derzeit kaum, wird es in den nächsten eineinhalb Jahrzehnten auch kaum geben. Nichts gegen Versuche, das Studium zu straffen. Die eigentliche Gefährdung der Idee der Universität liegt aber nicht in überlangen Studienzeiten, sondern in einem Relativismus, der das Prinzip Bildung durch Wissenschaft nur in einem Kloster für winzige Eliten für realisierbar hält.

Sicher, die »Erziehungs«-Funktion der Hochschulen ist abgeschwächt; sie haben es heute nicht mehr mit einigen Jünglingen zu tun, die für Spitzenpositionen vorherbestimmt sind, sondern mit Hunderttausenden von Frauen und Männern, die in weiten Teilen ihres Studiums in engem Kontakt mit der außerakademischen Realität leben. Die Frage ist: Setzt das das Prinzip Bildung durch Wissenschaft notwendigerweise außer Kraft? Macht das Kommunikation von vornherein unmöglich? Müssen die Hochschulen zu besseren Ausbildungsfabriken herabsinken, wie sie es in der DDR mehr oder weniger waren, während die Forschung in hohe Akademien auswanderte?

Kein Zweifel: die Gefahr, daß die deutsche Universitäten herabgedrückt, ja sogar ruiniert werden, ist mit Händen zu greifen. Diese Gefahr ist aber keine (sozusagen automatisch sich ergebende) Konsequenz aus der Öffnung der Hochschulen für drei-

ßig oder demnächst vierzig Prozent eines Altersjahr-
ganges. Sie resultiert einerseits aus Staatsversagen
und andererseits aus der Anpassungsunfähigkeit der
Korporation. Das heißt: Man könnte etwas dagegen
tun, wenn man wollte.

Ist Humboldt tot?

Bildung durch Wissenschaft

Natürlich, Wilhelm von Humboldt ist tot, seit 1835. Und selbstverständlich sind auch die Reformideen, mit denen er 1809 das heruntergekommene deutsche Universitätssystem hochriß, in der Originalfassung nicht mehr praktizierbar. Als Humboldt, Fichte, Schleiermacher, Schelling und andere daran gingen, den Pauk- und Diktatbetrieb der utilitaristischen Aufklärungsuniversität durch die Wiederaufnahme alter Denkfiguren – wie des sokratischen Dialogs – und mit Hilfe des neuhumanistischen Bildungsbegriffs zu revolutionieren, gab es in ganz Preußen fünftausend Studenten; heute sind es (in Deutschland) 1,8 Millionen. Es ist sowieso ein Wunder, welch ungeheure Wirkung die nur ein paar Monate dauernde Tätigkeit Humboldts als Spitzenbeamter des Preußischen Ministeriums des Inneren sowie ein paar seiner Denkschriften und Aktennotizen über fast zwei Jahrhunderte entfaltet haben. Was für tiefe Spuren nach kurzer Zeit. Wenn man das bedenkt, fallen einem unwillkürlich allerhand Minister ein, die Jahrzehnte amtierten und gar keine hinterlassen haben.

Das sozusagen »klassische« Argument gegen die Fortführung (und Revitalisierung) der humboldt-schen Universitätsidee ist die Klage über die Bildungsexpansion – zum Beispiel in der Fassung Konrad Adams, des Bildungspolitikers der einflußreichsten deutschen Zeitung, der »Frankfurter Allgemeinen«: »Humboldt ist erledigt, erstickt im akademischen Massenbetrieb.« Da ist von der »Herabsetzung der Universität zu einer nachgeordneten Behörde« und ihrem »Abstieg zur besseren Berufsschule« die Rede. Die Professoren hätten beides zugleich sein wollen, exklusiv und massenhaft – »und das geht eben nicht. (...) Solange Wissenschaft Ansprüche stellt, können die akademischen Freiheiten nicht jedermann zugute kommen. Mit ihrer Exklusivität verlieren sie zwangsläufig auch ihren Sinn.«[36]

Zwangsläufig? Das verkennt, daß schon die humboldtsche Superuniversität zwar für »nur sehr wenige und erlesene Seelen« (Friedrich August Wolf) konzipiert wurde, in Wirklichkeit aber viel eher höhere Spezialschule war als die Zitadelle einer winzigen Reflexionselite. »Es ist unvermeidlich, daß viele zur Universität kommen«, sagte Schleiermacher schon damals, »die eigentlich untauglich sind für die Wissenschaft im höchsten Sinne, ja daß diese den größten Haufen bilden.« Zwar machte Humboldt die philosophische Fakultät für ein paar Jahrzehnte zur Leitfakultät der deutschen Universität; aber Fichtes Radikalismus – daß der philosophischste Kopf zugleich der sittlichste Charakter und daher auch der beste Staatsdiener sei – setzte sich niemals durch. Selbst die Berliner Reformuniversität der allerersten Jahre war – zum Beispiel für Mediziner, Juristen und Theologen – horribile dictu – Berufsschule. Humboldts bedeutendster »Nachfolger«, der spätere preußische Kultusminister Carl Heinrich Becker hat das schon 1919 unsentimental konstatiert: »Die Hochschule ist eben auch, und zwar in erster Linie Schule.«[37] Irrte er, wenn er »den Kern« der Universitäten trotzdem als gesund ansah?

Auch die Idee, die Demokratisierung der alten Gelehrtenkorporation habe Humboldt »erledigt«, ist nicht überzeugend. Sie geht auf ziemlich radikale Forderungen der Privatdozenten schon im neunzehnten Jahrhundert zurück und wurde Ende der sechziger, Anfang der siebziger Jahre dieses Jahrhunderts endlich von einer klug operierenden Assistenschaft (mit Hilfe revoltierender Studenten) durchgesetzt. Die Erlösungshoffnungen, die mit neuen Paritäten in den Universitätsgremien verbunden wurden, haben sich nicht erfüllt; deswegen ist auch die immer noch gelegentlich auftauchende Idee, man könne die Lage der Universität durch eine verstärkte Mitbestimmung »unterprivilegierter« Universitätsgruppen bessern, nicht plausibel. Aber selbstverständlich funktionieren »mitbestimmte« Fachbereichsräte von heute keineswegs schlechter als frühere Fakultäten mit achtzig Lehrstuhlinhabern, einem Nichtordinarius, einem Assistenten und einem Studenten – eher besser. In Österreich vertragen die Universitäten sogar die Drittelparität, die das deutsche Verfassungsgericht mit der Lehrfreiheit der Professoren nicht für vereinbar hielt. Die Struktur der Selbstverwaltung kann mehr oder weniger zweckmäßig sein; über das Bestehen oder Vergehen der tragenden Universitätsidee, hinter der eine universale Idee der Wissenschaft steht, entscheidet sie nicht.

Natürlich haben sich seit Humboldt die Randbedingungen, unter denen Universitäten leben müssen, verändert. Der wichtigste Wandel war dabei der von der Studenten- zur »Studierendenschaft«; die soziale Öffnung ebenso wie die gesellschaftliche Eingemeindung und die – in der Wirkung auf die Atmosphäre der Institution höchst sensibilisierende – Feminisierung. Die Studierenden von heute sind keine Zöglinge mehr, die sich von »Philistern« abgrenzen. Der Bösartige könnte sagen: Sie sind selbst Philister; er übernähme dann aber den alten Standesdünkel, der Erwerbstätige als engstirnig abtat. Jedenfalls ist die Universität von heute keine sittliche Erziehungsanstalt der Gesellschaft mehr. Eine »normative Grundeinstimmung des Lebens« ihrer Kunden und Absolventen leistet sie aber wie eh und je. Wer sechs, acht oder zehn Jahre an dieser Einrichtung verbracht hat, verläßt sie nicht unverändert. Und nach wie vor ist es so, daß die entscheidenden Funktionseliten in ihrer erdrückenden Mehrheit die Hochschulen durchlaufen. Gerade deshalb fragt man sich ja, wieso die politische Klasse diesen mächtigen Sozialisationsagenturen so gleichgültig gegenübersteht. Ist es der hämische Haß auf die alten Gralstempel? Oder (wahrscheinlicher) nur die zeitgemäße Gedankenlosigkeit gegenüber jeder Zusammenballung von Intellekt?

Erledigt wäre die humboldtsche Universität nur, wenn ihre Theorie, ihr tragendes Ethos unrealistisch geworden wäre. Das ist die Formel Bildung durch Wissenschaft, die Verbindung von Forschung und Lehre, die Idee einer (unabschließbaren) Einheit der Wissenschaft, das dialogische Prinzip, der sich immer wieder erneuernde Streit der Fakultäten. Kein Zweifel, da liegt vieles im argen. Aber gibt es Argumente, die überzeugend dartun, daß diese Idee überständig, unrealisierbar, gar unsinnig geworden wäre? Vor allem: Haben wir eine bessere Idee? Eine intelligentere Organisationsform von Wissenschaft?

Natürlich, vieles ist dahin. Das gilt für den Anspruch der Geisteswissenschaften auf das Monopol von Bildung und Selbsterlösung in einer säkularen Gesellschaft[38], für den spekulativen Zugriff aufs Ganze, den sich die Philosophie der Humboldt-Zeit zutraute, für den emphatischen Begriff von Persönlichkeitsbildung[39], der von einer Vorstellung bürgerlicher Individuation ausging, die, nach Freud, spätestens am Ende des neunzehnten Jahrhunderts in die Krise geriet.

Das Schlimmste ist sicher die Zersplitterung. Viertausend unterschiedliche Fächer kämpfen heute um das Prestige der Wissenschaftlichkeit. Autonome Kleinfakultäten und isolierte Institute bestimmen oft genug das Bild. Wo gibt es da noch den lebensnotwendigen Dialog und die arbeitsteilige Kooperation der Disziplinen?

Die deutsche Universität ist am Ende des zwanzigsten Jahrhunderts »im Kern« nicht gesund, sondern krank. Die schlechthin andere Idee, der große Wurf einer alternativen Organisationsform aber existiert nicht. Alle Entwürfe dazu – zum Beispiel Max Schelers dreiteiliges Konzept, in dem die bisherige Universität Berufs- und Fachschule wird, die Forschung in selbständige Forschungsanstalten abwandert und im übrigen reine Bildungsanstalten mit Volkshochschulcharakter die Aufgabe der »geistigen Synthese« wahrnähmen – sind gescheitert; und auch für die Zukunft kann man nicht sehen, daß solche Totalreformen umsetzbar wären und die Lage besserten.[40] Deshalb ist es leichtfertig, die Idee der Universität – Jaspers nennt sie eine abendländische, übernationale, dann allerdings hellenisch-deutsche[41] – einfach mit Humboldt und seinen Reformen zu identifizieren und diese für erledigt zu erklären, weil der Neu-Humanismus aus dem ersten Jahrzehnt des neunzehnten Jahrhunderts in das letzte des zwanzigsten nicht transplantierbar ist. Man kann zweifeln, ob die deutsche Universität die Kraft zu einer polemischen Selbsterneuerung hat. Man kann auch zweifeln, ob die Politik ihr den Spielraum zu solch einer Selbsterneuerung geben wird. Erneuerung und Selbsterneuerung müßten aber immer wieder an dem Punkt ansetzen, an dem auch Wilhelm von Humboldt zugegriffen hatte. Neben dem Modernisierungsbedarf, der nicht zu bestreiten ist, gibt es – in den Worten des Philosophen Jürgen Mittelstraß – einen »Unzeitgemäßheitsbedarf, der Modernisierung vor sich selbst in Schutz nimmt«.[42]

Die Zeiten, in denen Philologen würdiger erschienen als Ingenieure, sind vorbei. Die Philosophie ist heute – bedauerlicherweise – eine Spezialisierungsdisziplin. Man kann nicht sehen, daß sie in absehbarer Zeit als »Führungswissenschaft« wiederhergestellt würde. Die integrative Funktion der Geisteswissenschaften müßte damit aber nicht erledigt sein. Wenn die Geisteswissenschaften das überwänden, was ihre Begutachter »die monologische Verarmung des fachimmanenten Diskurses«[43] genannt haben, könnte ein höchst fruchtbarer Streit unterschiedlicher Fragerichtungen belebt werden oder neu entstehen. Es geht da nicht um den Neuhumanismus; der ist »erledigt«. Es ginge aber um die Frage, wie aus dem Wechsel unterschiedlicher Paradigmen – die Etiketten heißen Neuhumanismus, Historismus, Positivismus, *linguistic turn*, semiotische Wende, Strukturalismus, Konstruktivismus oder wie auch immer – ein neuer Dialog entstände. Das Netz, auf dem ein solcher Dialog abgewickelt werden könnte, wäre die alte, vermoderte Institution Universität. Modisch gesprochen: eine Art Internet – ebenso chaotisch, unregiert, unregierbar, aber eben auch unerschöpflich. Allerdings müssen an allen möglichen Ecken und Enden Bandbreiten erweitert, Server ersetzt und Gateways neu organisiert werden. Das alte Netz braucht eine neue »Netiquette«.

Ein paar Grundprinzipien müssen aber erhalten bleiben. Dazu gehört der Gedanke einer Bildung durch Wissenschaft. Diese »Bildung« meint dann nicht mehr philologisch-historisches Wissen: Goethe, Strukturalismus, Freud, Marx, Evolutionstheorie, *nouvelle vague* und Techno. Bildung meint dann »Handeln können«, und zwar »Handeln können« in Beziehung auf ein gelingendes Leben der Menschen untereinander, nicht nur als technische Verfügungsgewalt. In den Worten der Denkschrift zur Geisteswissenschaft: »Wenn aber die wissenschaftliche Kultur, in der wir leben und die unser Überleben garantieren soll, mehr sein soll als die Anhäufung immer neuen Verfügungswissens und die Erzeugung von Techniken zu seiner Beherrschung, so stellt sich für einen neuen Begriff wissenschaftlicher Bildung die von der Aufklärung ungelöst hinterlassene Frage (auf die ja Humboldts Reform nur eine mögliche Antwort suchte), wie die objektive Rationalität des Wissens in die subjektive Moralität des Handels zu führen wäre, wenn sie sich nun einmal wechselseitig nicht voraussetzten.«[44] Genau darum geht es: Den universalen Begriff der Bildung nicht wegzuwerfen und zu »erledigen«, sondern weiterzudenken.

Das Gleiche gilt für die systematische Beziehung zwischen Forschung und Lehre. Natürlich ist nicht alles »Forschung«, was Professoren an der Massenuniversität als Forschung bezeichnen. Natürlich braucht man zur Unterweisung von Hunderten oder Tausenden von Studenten im Grundstudium unter anderem auch Lehrpersonal, das an der vordersten Front der Forschung noch nie tätig war, dorthin vielleicht auch nie geraten wird. Wer aber das – mitunter höchst komplizierte – Miteinander und Nebeneinander von Forschenden, Lehrenden und Lernenden durch Separierung beendete, würde Pressen erzeugen, in denen die Fülle des Stoffes dominierte, sonst nichts. Ohne Zweifel vermittelt aber selbst die entmutigte und ermattete deutsche Universität noch oft genug Schlüsselqualifikationen, die sich aus der Teilhabe am Forschungsprozeß herleiten. Da hat der Historiker Dieter Langewiesche schon recht: »So mancher Doktor, der über den Leistungsverfall der deutschen Massenuniversität klagt, würde heute statt des immer noch klingenden Doktortitels lediglich den glanzlosen Magistergrad erhalten.«[45] Alles läuft auf den berühmten und hundertmal zitierten Satz Humboldts hinaus: »Der Gang der Wissenschaften ist offenbar auf einer Universität, wo sie immerfort in einer großen Menge und zwar kräftiger, rüstiger und jugendlicher Köpfe herumgewälzt wird, rascher und lebendiger.«[46] Wer diese Erkenntnisse überholen wollte, würde demolieren, nicht reparieren.

Freilich verlangt das »Reparieren« Reformgesinnung und Geld, und zwar in den Universitäten genauso wie in den Ministerien. Es gibt Ansätze; zum Beispiel in den Graduiertenkollegs, die dem Ph.-D.-Programm der amerikanischen Universitäten nachgebildet sind. Die ersten davon sind vor acht Jahren etabliert worden; es handelt sich um Arbeitsgruppen von Professoren, Doktoranden, Postdoktoranden und wissenschaftlichen Koordinatoren, die gemeinsam Projekte bearbeiten: mittelalterliche und neuzeitliche Staatlichkeit genauso wie theoretische und experimentelle Schwerionenphysik, Zell-

und Tumorbiologie oder Intelligente Systeme für die Informations- und Automatisierungstechnik. Inzwischen existieren zweihundertzwanzig Kollegs dieser Art.[47] Noch existiert keine systematische Evaluation dieser Programme. Man hört aber manches Lob und wenig Tadel. Auch gibt es interessante Vorschläge. Der Stifterverband für die Deutsche Wissenschaft und das Land Nordrhein-Westfalen haben, wie immer in den letzten Jahrzehnten in Anlehnung an amerikanische Vorbilder, an der Universität Bonn ein Forschungskolleg »Diskrete Mathematik« gegründet. Die Geisteswissenschaftler haben kulturwissenschaftliche »Forschungskollegs« vorgeschlagen. Sie sollen mit Hilfe von Gastprofessuren, der Freistellung von Hochschullehrern und Stipendien Grenzgebiete erforschen. Aus dieser Idee sind inzwischen sogenannte »Innovationskollegs« und »Geisteswissenschaftliche Zentren« entwickelt worden. Eines dieser Zentren – in Berlin – hat zum Beispiel das Thema »Moderner Orient«. Mit derartigen Instrumenten wäre die Sterilität des »Geforschs« überwindbar.

Allerdings bleiben all solche Reformversuche sinnlos, wenn aus der Universität selbst Verknüpfung, Lebensbedeutsamkeit der Forschung, Transdisziplinarität und Synthese für obsolet erklärt würden. Kann wissenschaftliche Erkenntnis – und sei es noch so indirekt – irgend etwas dazu beitragen, »die

Mühseligkeit der menschlichen Existenz zu erleichtern«, wie Bertolt Brecht formulierte? Schon vor Jahrzehnten polemisierte der große Komparatist Ernst Robert Curtius gegen die »Bauchrednerei der Synthese«. Viele, die so reden, meinen damit nicht nur pseudophilosophische Überwölbungsversuche auf Managerseminaren, christlichen Akademien und Volkshochschulen. Sie zielen auf den »Zusammenhang« an sich. Der (deutsche) Klassiker dieser Haltung war der konservative Anthropologe Arnold Gehlen: »Der heutige Zustand der Wissenschaften selbst nämlich läßt eine Ausweitung ihrer Resultate in weltanschaulichem und ethischem Sinne nicht mehr zu. Ihre Versuche damals waren geknüpft an ein verhältnismäßig primitives Entwicklungstadium der Wissenschaften, das heute überschritten ist und in dem man den Zusammenhangsgrad der Erscheinungen noch überschätzte. Womit gesagt ist: Über den Kosmos der Wissenschaften schlechthin kann man nur dilettantisch reden.«[48] In der gegenwärtigen Nietzsche-Renaissance hat sich diese Schule gewaltig verstärkt. Wenn sie sich mit den mutlosen Rotstiftpolitikern und zynisch gewordenen Bürokraten (die als junge Regierungsräte 1968 die Welt aus den Angeln heben wollten) verbünden, kann man die deutsche Universität vergessen. Der Postmodernismus bietet sich als »Theorie« einer Hochschulpolitik des »Weiter so« geradezu an. Wenn in der Universität die Schlüsselattitude »die Ideengeschichte ist abgeschlossen« grassiert und in der Politik der Problemdruck immer größer und das Geld immer knapper wird, entsteht ein Zustand der Lähmung. Der hat sich im letzten Jahrzehnt über das deutsche Hochschulwesen gelegt.

Der Irrweg der Neukonstruktion

Die Atmosphäre des Stillstands wird schließlich undurchdringlich, wenn diejenigen, die die Probleme erkennen und die Fehlentwicklungen bekämpfen wollen, sich im Geflecht der Macht nicht zurechtfinden. Das deutsche Hochschulwesen ist ein in Jahrhunderten gewachsenes, höchst komplexes System öffentlicher Körperschaften mit wenigen privaten Einsprengseln, bestimmt von bürokratischen Verwaltungsstilen und Finanzierungstechniken, voll integriert in ein traditionsreiches, kompliziertes und nur sehr schwer veränderbares Rechtssystem für öffentlich Bedienstete. Es ist zudem föderalistisch, das heißt ein Aggregat von sechzehn zum Teil unterschiedlichen politischen Grundsätzen der für das Hochschulwesen zuständigen Bundesländer. Und es ist schließlich eingeklemmt zwischen Bund und Ländern: einem Bund mit wenigen Kompetenzen (für Hochschulplanung und Hochschulbau), der in den letzten zwei Jahrzehnten in der Bildungspolitik immer desinteressierter und timider wird, aber über die entscheidenden Steuerquellen verfügt, und sechzehn Bundesländern, die die Verantwortung, aber kein (oder wenig) Geld haben. Die Lage erinnert an politische Prozeduren, wie sie sich in der Spätzeit der großen Vielvölkerstaaten, zum Beispiel der österreichisch-ungarischen Monarchie, abgespielt haben. Es gibt viele Parallelaktionen wie die, die in Robert Musils großem Roman »Der Mann ohne Eigenschaften« geschildert wird.

In dieser Situation sind Tabula-rasa-Phantasien für die Katz. Genau sie aber geistern immer wieder durch die hochschulpolitische Debatte. Wie der Zeitgeist so spielt: In den sechziger Jahren kamen sie von linksradikalen Studenten, heute in der Regel von radikal-liberalen Deregulierern. Aber auch professorale Reißbrettpläne für eine Totalreform oder Neukonstruktion lösten immer die gleichen Wirkungen aus: Sie zuckten über den Himmel wie Kugelblitze und lösten gewaltige Donnerschläge aus. Das war's dann aber auch. Der deutsche Föderalismus verfügt über vorzügliche Blitzableiter.

Viele der ratlos hin- und hergewendeten Vorschläge zur »Totalreform« sind siebzig Jahre alt; schon Carl Heinrich Becker hat sie erwogen. Man kann fünf immer wiederkehrende Grundtendenzen katalogisieren:

• Da ist zuerst die Idee der Hierarchisierung des Hochschulsystems. Dahinter steht in der Regel der Wunsch, die Eliten herauszufiltern und in eigenen Institutionen zu konzentrieren. Vorbilder sind meistens die Grandes Ecoles Frankreichs, die Ivy-League-Universitäten der Vereinigten Staaten und die Oxbridge Colleges Großbritanniens; Promotoren

sind international erfahrene Forschungsprofesso-
ren, die den Alltag der Lehre in überlaufenen
Fächern als demütigend empfinden. Die Aufstufung
einzelner Hochschulen, die ja mit der Abstufung
anderer Hand in Hand gehen müßte, wäre aber nur
durch staatlichen Akt oder private (und höchst
teure) Initiative möglich. Weder die eine noch die
andere Initialzündung ist wahrscheinlich. Das Mögliche in der gewünschten Richtung wurde Anfang
der siebziger Jahre durch die Aufwertung höherer
Fachschulen zu Fachhochschulen getan. Das Nebeneinander beider Hochschultypen ist durchaus sinnvoll; es besteht sogar Konsens in der deutschen Bildungspolitik, auf den Fachhochschulen – die in der
Regel kürzer, billiger und durchaus gut ausbilden –
statt dreiundzwanzig Prozent rund vierzig Prozent
der Studienanfänger zu konzentrieren. Diese Idee
scheitert derzeit an der Weigerung des Bundes, das
dafür notwendige Geld zur Verfügung zu stellen.
Die Blütenträume mancher Hochschullehrer, die
Mehrzahl der Studierenden auf Fachhochschulen zu
schieben, werden allerdings nicht reifen. Diese
»Verlagerung der Standardhochschulausbildung in
das Fachhochschulsystem« (Mittelstraß) scheitert an
den (unsinnigen) beamtenrechtlichen Rahmenricht-
linien: das Universitätsdiplom berechtigt für den
höheren, das Diplom der Fachschulen nur für den
gehobenen Dienst. Eine Änderung dieser Bestim-

mungen verlangte eine egalitäre Anwandlung der deutschen Politik, die man derzeit kaum für wahrscheinlich halten kann.

● Eine Variante des Hierarchisierungsvorschlags ist die Idee der systematischen Trennung von Forschung und Lehre, wie der Philosoph Max Scheler sie in den zwanziger Jahren vorgedacht hat. Auch diese Idee läuft letztlich auf das Konzept hinaus, die Besten in Forschungsanstalten und Akademien zu konzentrieren und die Masse der Akademiker in akademischen Berufsschulen auszubilden. Die Erfahrungen der DDR müßten uns lehren, daß dieses Konzept gar nichts bessert. Wenn die Geschichte des deutschen Hochschulwesens eines zeigt, dann dies: Auch im verzweigten System von Massenhochschulen ist erstklassige Forschung und Elitebildung möglich. Man muß sie allerdings wollen; die gewaltsame und formelle Trennung in Forschung und Lehre, von Elite und Durchschnitt ist aber weder durchsetzbar noch sinnvoll.

● Die dritte Idee sieht das Heil in der Privatisierung des Hochschulwesens. In der Tat würde Privatisierung mit einem Schlag auch Differenzierung bedeuten: manche Hochschulen hätten viel Geld, manche wenig oder gar keines. Die Konsequenz wäre natürlich auch die radikale »Differenzierung« der Bildungschancen; der Zugang zu den »guten« Hochschulen wäre sehr teuer. Den Streit, den ein derartiger Vorschlag in der politischen Klasse auslösen muß, kann man sich aber ruhig schenken: Es ist nicht ersichtlich, wie das traditionell öffentliche deutsche Hochschulwesen in einer irgend absehbaren Zeit in ein gemischtes System (wie etwa in den Vereinigten Staaten) überführt werden könnte. Jede private Hochschule, die mit Eigeninitiative (und privatem Geld) aufgebaut wird, sollte mit offenen Armen begrüßt werden. Die private Universität Witten-Herdecke zum Beispiel ist, was ihre curricularen Ideen und den *spirit* auf ihrem Campus betrifft, ganz unbestreitbar eine große Bereicherung des deutschen Hochschulwesens. Nur wird es in Deutschland nicht genügend Konzerne geben, die bereit sind, weitere derartige Hochschulen zu bezahlen. Bertelsmann und die Deutsche Bank, die die Finanziers der Universität Witten-Herdecke waren, werden nicht ewig zahlen; das Land Nordrhein-Westfalen wird einspringen müssen. Die Gefahr, daß ideologisierte Grüne diese kleine, aber vorbildliche Institution ruinieren, ist groß. Finanziers für weitere Universitäten dieser Art in anderen Teilen Deutschlands sind nicht sichtbar. Das liegt am deutschen Steuerrecht; es liegt aber auch an jahrhundertealten Traditionen, die niemals eine Beziehung zwischen Campus und Alumnen entstehen ließen. Im zentralistischen und (wegen des Mehrheitswahlrechts) »schnellen« politischen System Großbritanniens war eine Thatcher-Revolution möglich; mit all ihren Auf- und Abbrüchen. In Deutschland ist dergleichen weder zu befürchten noch zu erhoffen.

• Von Milton Friedman stammt der Vorschlag eines Bildungsgutscheinsystems, Voucher-System genannt. Danach erhält jeder Schüler mit entsprechender Zulassungsvoraussetzung im Bildungsgang vom Staat einen Gutschein, der bei einer Bildungsinstitution seiner Wahl gegen Bildungsleistungen eingelöst werden kann. Die Finanzierung der Einrichtung durch den Staat richtet sich nach der Anzahl der eingereichten Gutscheine. Dadurch soll Wettbewerb im Hochschulsystem ausgelöst und der Student vom Untertanen zum »Kunden« aufgewertet werden.[50]

Die Idee erscheint auf den ersten Blick brillant, entblößt beim zweiten aber all ihre Schwächen. Was passiert mit einer öffentlich ausgehaltenen Hochschule, die plötzlich nicht mehr gut genug ist, um genügend Studierende anzuziehen? Bezahlt man die unkündbaren Professoren, Kustoden, Amtsräte und Hausmeister einfach weiter, obwohl sie kaum mehr etwas zu tun haben? Oder versetzt man sie zum Wasserwirtschaftsamt? Was täte das Land Schleswig-Holstein, wenn es seine einzige Landesuniversität verlöre? Und was die Region Niederbayern, wenn niemand mehr nach Passau ginge? Dieses Konzept, eine scheinbar genialische Umsetzung der

Denkfigur vom Homo oeconomicus, wird in Volkswirtschaftlichen Seminaren seit einem Jahrzehnt
begeistert herumgereicht. Empirische Erfahrungen
sind aber rar und wenig ermutigend. Selbst in Kali-
fornien funktionierte die Idee nicht. 1993 gab es
zwar eine siebzigprozentige Mehrheit in diesem
amerikanischen Bundesstaat, an Eltern Gutscheine
im Wert von 2600 Dollar bei Schulen ihrer Wahl
auszugeben. Eine achtzehn Millionen Dollar
schwere Gegenkampagne der Lehrergewerkschaft
brachte den Gesetzentwurf allerdings zum Scheitern.[51] Man kann sich vorstellen, was mit vergleich-
baren Plänen in Baden-Württemberg passierte (wo
ein Teil der CDU mit solchen Vorstellungen liebäu-
gelt). Sie lenken nur von dem ab, was notwendig und
– wenn auch mit großer Anstrengung – möglich
wäre.

• Bleibt als letzte Denkrichtung die Modelluniver-
sität. Helmut Schelsky hat Anfang der sechziger
Jahre sein Modell einer »theoretischen« Universität
vorgelegt.[52] Die Gründung der Universität Konstanz
war ein praktischer Versuch in diese Richtung: Man
wollte eine Forschungshochschule mit nur drei
Fakultäten, einem erfahrungswissenschaftlichen
Schwerpunkt und einer besonderen Form der Juri-
stenausbildung. Man kann sagen: Die Gründung
glückte, auch wenn das Ergebnis sich nicht so radikal
vom Durchschnittstyp der deutschen Hochschulen

abhob wie geplant. Ralf Dahrendorf, einer der Gründer, hat die Universität Konstanz zum zehnten Geburtstag einen »süßen Anachronismus« genannt. Sein Fazit: Man werde mit diesem Kompromiß leben müssen »bis Zeiten kommen oder auch Menschen, die es sich zutrauen, der Hochschule weniger eindimensionale Muster aufzuprägen«.[53] Man muß bezweifeln, daß diese Zeiten schon gekommen sind. Zwar bleibt die Idee einer Modellhochschule eine große Chance, wie die Geschichte von Humboldts Berliner Gründung zeigt. Sie verlangt allerdings kluge Reformer beim Staat und in der Hochschule, einen günstigen Augenblick und Geld. Man sollte alles darauf konzentrieren, solch eine Konstellation in Deutschland rasch wieder herbeizuführen. Aber nur ein Blinder oder Tauber könnte sagen, daß sie heute schon gegeben sei.

Das Fazit? Große Würfe erzeugen für den, der sich ihnen verschreibt, eine wunderbare bengalische Beleuchtung. Sie ändern aber nichts an der Realität. Daß sich der riesige Geleitzug von Institutionen und Personen, den wir meinen, wenn wir von der Hochschulpolitik reden, in Richtung auf *ein* durchformuliertes gemeinsames Ziel in Bewegung setzt, ist höchst unwahrscheinlich. Deswegen scheint der einzig erfolgversprechende Weg eine Strategie von unten zu sein, eine Strategie des Losbindens, der

Entkoppelung. Helmut Schelsky hat das vor mehr als dreißig Jahren »Hochschulreform auf eigene Faust« genannt.[54] Leider trifft diese schöne Formel heute nicht mehr das Richtige. Das, was heute nötig ist, können die Hochschulen (geschweige denn die Hochschullehrer) nicht mehr »auf eigene Faust« bewerkstelligen; sie brauchen dazu neue Handlungsspielräume, die ihnen der Staat einräumen muß. Deswegen das Bild vom Losbinden: Der Staat muß Leine lassen, und die Leute in den Hochschulen müssen eigene Wege gehen. Nur so ist die gegenwärtige Misere zu überwinden.

Die Strategie der Entkoppelung

Flexibilität und Selbstregulierung

Die folgenden Vorschläge zur Hochschulreform sind keine Kopfgeburten. Sie sind deshalb für die Betroffenen alles andere als revolutionäre Neuheiten. Schon 1987 hat Martin Trow als Tendenzen der zukünftigen Entwicklung der Universität am Ende des zwanzigsten Jahrhunderts Trends zur größeren Diversifikation der Hochschulen, die Verstärkung von Macht und Autorität von leitenden Kräften an den Hochschulen, die stärkere Finanzautonomie, engere Kontakte der Hochschulen zu privaten Unternehmen und eine Öffnung für die Fort- und Weiterbildung prognostiziert.[55] 1993 hat die Bertelsmann-Stiftung dokumentiert, daß Trow mit seinen Vorhersagen recht behalten hat. Die Entwicklung geht – in den meisten großen Industriestaaten – zu mehr institutioneller Selbstregulierung und indirekter Steuerung. Besonders differenzierte und intelligente Lösungen sind vor allem in Schweden und in den Niederlanden erprobt und dann auch praktiziert worden. Das politische System dieser vergleichsweise kleinen europäischen Länder hat weit schneller auf die Herausforderungen des späten zwanzigsten Jahrhunderts – von der ökonomischen Globalisierung bis zur Entwicklung einer »wissensbasierten« Gesellschaft – reagiert als Deutschland.[56] Dort ist es auch gelungen, einen politischen Konsens unter den großen politischen Strömungen herzustellen – die schwedischen Hochschulreformen haben zwei Regierungswechsel, die niederländischen eine Große Koalition durchlaufen und überstanden. In Deutschland sind wir noch weit von einem solchen Konsens entfernt. Hier sind die Schützengräben aus dem Stellungskrieg der siebziger Jahre immer noch nicht ganz zugeschüttet.

Auch in Deutschland gibt es vorsichtige Bewegung. Innovative Vorschläge kommen aus Rheinland-Pfalz. Nordrhein-Westfalen macht Pilotversuche mit dem »Globalhaushalt« für Hochschulen. Baden-Württemberg und Niedersachsen haben ihren Hochschulen bereits eine gewisse erweiterte Flexibilität zugestanden, ihre Finanzmittel zwischen den Ausgabenkategorien zu übertragen. Ein Verbund norddeutscher Hochschulen erprobt Methoden der Evaluation von Studium und Lehre. Das sind nur Beispiele für viele tastende Schritte, die an unterschiedlichen Stellen des Systems versucht werden. Dieses System ist aber schon von seiner Konstruktion her zu langsam. Dazu kommen die atmosphärischen Störungen dieser Jahre: eine seit Ende der siebziger Jahre bildungspolitisch erschöpfte, sozusagen appetitlose Bundesregierung und inzwischen auch unterschiedliche Mehrheiten in den Verfassungsorganen Bundestag und Bundesrat. Man treibt sich nicht, man belauert sich. Als die Schweden darangingen, einen »Rat der Lehre« zu schaffen, der die Unterrichtsmethoden an schwedischen Hochschulen (unter anderem mit Hilfe von jährlich einhundert Millionen Schwedischer Kronen) revolutionierte, vollzog sich dieser Prozeß in folgenden Schritten: Vorschlag einer Expertenkommission: November 1989; Regierungsentwurf: Januar 1990; Reichstagsbeschluß: April 1990; Gründung des Rats: 1. Juli 1990. Deutschland bräuchte eine systematische Qualitätsverbesserung der Lehre genauso dringend wie Schweden und andere Länder. Von der schwedischen Geschwindigkeit man kann in Deutschland aber nur träumen.

Mit Träumen allerdings ist es in der gegenwärtigen Situation nicht mehr getan. Wir verlieren sonst den Anschluß. Die Umstülpung der Industriegesellschaft zur Informations- und Wissensgesellschaft geht rasch und zudem sprunghaft vor sich. Es ist gerade eineinhalb Jahrzehnte her, seit die Bosse von IBM oder Nixdorf ihre Unternehmen gefährdeten oder zerstörten, weil sie Personalcomputer für Spielzeug hielten. In wenigen Jahren wird kein Schüler mehr ohne einen Laptop auskommen. Für die alte Industriegesellschaft war der angelernte Arbeiter der Archetypus. Für die Gesellschaft des nächsten Jahrhunderts wird es eine technisch-akademische Klasse sein, deren einziger Reichtum ihre Qualifikation ist. Die vermaledeite »Standortdebatte« muß sich deshalb endlich dem Wissenschafts- und Bildungsstandort Deutschland zuwenden. Ein rascheres Tempo des politischen Prozesses und eine größere Bereitschaft, selbstverständlich gewordene Prinzipien in Frage zu stellen, wären dringend. Wie der Tourist im Tempelbezirk von Nara von viel zu vielen heiligen Hirschen ist die Bildungspolitik in Deutschland von viel zu vielen heiliggesprochenen Prinzipien umstellt.

Die Geldfrage

Die eigentliche Logik einer Strategie der Entkoppelung liegt in einer wettbewerbswirksamen Steuerung von Hochschulen über die Finanzierungssysteme. Die Frage lautet: Wie kann man eine leistungsgebundene Mittelzuweisung erreichen? Zuerst muß man einmal Wettbewerb zwischen Hochschulen möglich machen: deshalb Entkoppelung.

Bevor man diese auf das Gesamtsystem zielende Frage aber sinnvoll erörtern kann, muß man sich über die Geldfrage Klarheit verschaffen. Die Privatisierung des Hochschulwesens ist eine Illusion. Wer sich klarmacht, daß selbst im urkapitalistischen und in den letzten Jahrzehnten weiter deregulierten Amerika achtzig Prozent aller Studenten von staatlichen Einrichtungen ausgebildet werden[57], wird sich nicht mehr einbilden, daß man ein in Jahrhunderten gewachsenes öffentliches Bildungssystem wie das deutsche in irgendeiner absehbaren Zeit aus dem System öffentlicher Finanzierung herausnehmen könne. Das bedeutete eine Revolution, radikaler als die, die Margaret Thatcher in England ausgelöst hat. Solch eine Revolution verlangte vorher eine grundlegende Umstülpung der Verfassung, wie sie de Gaulle in Frankreich bei der Veränderung der Vierten zur Fünften Republik zustande gebracht hat.

Derartige Konvulsionen sind in Deutschland derzeit höchst unwahrscheinlich. Dies aber bedeutet, daß der seit zwei Jahrzehnten vor sich gehende leise Rückzug des Staates aus der Finanzverantwortung für die Bildung unverantwortlich ist. Der Hochschulbau ist seit Jahren so unterfinanziert, daß die übereinstimmende Idee aller Verantwortlichen, mehr Studierende auf Fachhochschulen auszubilden, scheitert. Vielmehr ziehen Studierende, die eigentlich auf die kostengünstigeren Fachhochschulen wollen, Warteschleifen an den teureren Universitäten. Hier schneiden sich die Finanzverantwortlichen ins eigene Fleisch. Die Bundesregierung hat durch die Austrocknung der Ausbildungsförderung die Studienfinanzierung mehr und mehr privatisiert; nur noch ein knappes Viertel der Studierenden erhalten überhaupt BAföG. Und die Bundesländer sahen sich außerstande, den Hochschulen diejenigen Mittel zu geben, die ihnen nach den eigenen Kennzahlen zugestanden hätten. Wie gesagt: Nach Berechnungen der Finanz- und Kultusminister betrug die Finanzierungslücke im Jahr 1993 vier Milliarden DM jährlich für die laufenden Ausgaben ohne Investitionen. Seitdem wächst die Unterfinanzierung. Auch die folgenden Zahlen wurden schon erwähnt: 1975 war an den deutschen Universitäten eine wissenschaftliche Kraft für dreizehn Studierende zuständig; heute für vierundzwanzig. In den

Fachhochschulen war 1975 eine Lehrkraft für sechzehn Studierende da, heute für einundvierzig. Es ist mit Händen zu greifen, daß das einstmals beispielhafte deutsche Hochschulwesen auf diese Weise ruiniert wird. Der Abbröckelungsprozeß wird aber nicht etwa gestoppt, er geht weiter. Trotz eines nominalen Zuwachses des Hochschulhaushaltes von 2,8 Prozent gegenüber dem Vorjahr summierten sich 1995 die Minderausgaben in einigen Ländern auf bis zu zwanzig Prozent der laufenden Mittel für Forschung und Lehre.[58] Die Lage wird von Monat zu Monat unhaltbarer.

Angesichts dieser rasch abwärts donnernden Lawine ist die Idee, die Geldprobleme der deutschen Hochschulen mit Effizienzgewinnen auffangen zu können, genauso blauäugig wie die Privatisierungshoffnung. Selbstverständlich lassen sich durch die »Entfesselung« der Hochschulen, durch leistungsbezogene Ressourcenzuweisung und eine Professionalisierung des Hochschulmanagements, zum Beispiel durch die Ablösung der Kameralistik durch eine Kostenrechnung, erhebliche Mittel einsparen. Wie lange ein solcher Prozeß dauert, kann man aber an der Deregulierung der europäischen Carriers in der Telekommunikation studieren. Obwohl diese Dinosaurier privatisiert werden, dauert es rund ein Jahrzehnt, bis aus einer Behörde ein modernes Unternehmen geworden ist. Die Hochschulen können jedoch gar nicht den Zwängen eines internationalisierten Marktes unterworfen werden. Wer sich also einbildet, die fortdauernde Austrocknung des Hochschulwesens durch Sparen auffangen zu können, wird den Karren an die Wand fahren. Dies aber bedeutet: Wer die Formel vom »Standort Deutschland« weiter in den Mund nehmen und trotzdem seriös bleiben will, muß für eine *Kehrtwendung bei der staatlichen Finanzierung des Bildungswesens* eintreten. Man nimmt sonst die Verantwortung auf sich, daß wichtige Schlüsselinstitutionen dieser Gesellschaft in der Tat »verrotten«.

Wer die politische Situation Deutschlands nach einer per Kreditaufnahme finanzierten Vereinigung allerdings mit kühlem Blick analysiert, wird feststellen, daß selbst eine solche Kehrtwendung im Denken – von der derzeit keine Rede sein kann – die Lage nur teilweise bessern kann. Das hat einen einfachen Grund: Die Probleme beim Bund, der aufgrund der Aufgabenverteilung nur knapp siebzehn Prozent zur Finanzierung des Hochschulwesens beiträgt, wären ohne Zweifel durch eine Veränderung der haushaltspolitischen Prioritäten lösbar. Die Kehrtwendung verlangte auf der Seite des Bundes eine Aufstockung des Etats für Bildung und Forschung um ca. eine Milliarde. Eine Umschichtung dieser Größenordnung ist im Rahmen eines Gesamthaushaltes von 451 Milliarden möglich.

Anders ist die Situation der Bundesländer. Manche von ihnen können zwar noch – und werden auch – den bayerischen Weg gehen: Erleichterung durch Privatisierung. Dies mag die Situation für einige Jahre entspannen; auf Dauer löst es die Probleme nicht. Eine große Zahl der Länder steht vor strukturellen Budgetknappheiten, die nur durch eine (ganz unwahrscheinliche) Neuverteilung der Steuermittel aufzuheben wäre. Es hat aber wenig Sinn, von Leuten eine »Kehrtwendung« zu verlangen, die mit dem Rücken schon an der Wand stehen. Ein neues Denken auf seiten der Länder kann bewirken, daß der gelegentlich gedankenlose Haushälterpopulismus verschwindet, mit dem Professoren, Lehrer oder Studenten als fideles und faules Völkchen aus der Arbeitsgesellschaft ausgegrenzt werden. Es kann da und dort auch den sich steigernden Prozeß der »Stellenkürzungen« verlangsamen oder gar aufhalten. Daß die Länder in der Lage wären, den von ihnen selbst mit vier Milliarden bezifferten Fehlbetrag – den andere, wie bereits dargestellt, auf 7,7 Milliarden schätzen[59] – auszugleichen, muß man ausschließen.

Wer die Hochschulen also nicht ausbluten lassen will, muß neue Finanzquellen erschließen. Mit mäzenatischen Leistungen werden die Löcher nicht zu stopfen sein. Bei sogenannten »Drittmitteln« ist auch der öffentliche Sektor der üppigste Geldgeber; der Anteil von Wirtschaft und Verbänden betrug zum Beispiel im Jahr 1990 (mit ca. 329 Millionen DM) nur knapp fünfzehn Prozent. Man kann schon froh sein, wenn die Finanzbürokratie auf die gelegentlich erwogene tolldreiste Idee verzichtet, diese Drittmittel zu besteuern. Das hätte die Hochschulen – im gleichen Jahr 1990 – bei verfügbaren Drittmitteln in Höhe von 2,96 Milliarden DM und einem Steuersatz von fünfzehn Prozent 475 Millionen gekostet.[60] Es bleibt also nur ein einziger Weg, der gangbar ist: eine (mäßige) Mitfinanzierung des Hochschulsystems durch die, die durch seine Leistungen begünstigt werden, die Studierenden bzw. ihre Familien.

Im Wissenschaftsrat und in der Hochschulrektorenkonferenz werden seit einigen Jahren (halbherzig) Studiengebühren in Höhe von 1000 DM pro Semester erwogen. Die politische Klasse in Deutschland muß endlich den Mut aufbringen, ihren Wählern und Wählerinnen klar zu sagen, daß es nur eine Alternative gibt: entweder die permanente Verschlechterung von Forschung und Lehre an deutschen Hochschulen oder eine (begrenzte) Beteiligung der künftigen Akademiker an den Kosten ihrer Ausbildung.

Gegen diese wenig erfreuliche, aber ungeschminkte und wahrheitsgemäße Botschaft erhebt sich eine Wand von Argumenten, die in hohem Ton und mit großem sozialem Pathos vorgebracht werden. Die Finanzierung über Steuern sei »solidarisch«, die Individualisierung der Belastungen grenze bildungsferne Schichten aus und schrecke Arbeiterkinder vom Studium ab. Aus dem öffentlichen Interesse an der bestmöglichen Qualifikation der nachwachsenden Generation leite sich die vollständige staatliche Finanzierung des Hochschulbesuchs ab.

Einer ernsthaften Nachprüfung halten diese Argumente nicht stand. Selbstverständlich: Solange ein Staat über ausreichende Ressourcen verfügt, kann er alle möglichen Leistungen zum Nulltarif anbieten. Wenn er aber in die Alternative geriete, für akzeptable Leistungen Gebühren verlangen zu müssen oder aber schlechte Leistungen umsonst anzubieten, stehen Grundprinzipien politischen Handelns auf dem Spiel. Der Nulltarif ist dann schnell nur scheinbar sozial; denn der Wohlhabende wird sich in jedem Fall gute Leistungen besorgen – wenn er sie im Inland nicht bekommt, weicht er ins Ausland aus. Nur die Durchschnittsverdiener wären auf die mäßigen Leistungen angewiesen, die ihnen gebührenfrei überlassen werden. Und niemand sollte darüber hinwegreden, daß Studiengänge mit einer viel zu kleinen Zahl von Laborplätzen, überfüllte Hörsäle, unzureichende Bibliotheken und vor allem ein Studium mit lückenhafter, schlechter Betreuung mäßige Leistungen sind.

Besonders wenig durchdacht ist die Argumentationsfigur der »Solidarität«. Akademiker erzielen weit größere Lebenseinkommen als Nichtakademiker. Die entsprechenden Angaben schwanken zwischen 183 und 186 Prozent.[61] Wieso es »sozial« sein soll, daß der junge Facharbeiter, der Beamte des einfachen Dienstes oder die Verkäuferin die Studienkosten für den gleichaltrigen Medizinersohn oder die Managertocher bezahlen, bleibt unerfindlich. Das derzeitige System bewirkt eine Einkommensübertragung von einkommensschwachen auf einkommensstärkere Schichten. Bösartige fassen das in dem Satz »The stupid many pay for the clever few« zusammen. Der Versuch, diese Argumentation mit dem Hinweis auf die progressive Besteuerung größerer Einkommensbezieher auszuhebeln, ist mehrfach widerlegt worden. Sowohl für Deutschland wie für Österreich ist eindeutig nachgewiesen worden, daß Hochschulabsolventen die höchsten Nettotransfersalden aufzuweisen haben.[62] Übrigens fragt man sich vergeblich, warum Kindergartengebühren (bis zu 3000 DM jährlich) sozial, Studiengebühren aber unsozial seien. Ein Student kann – durch Erwerbsarbeit – zu seinem eigenen Lebensunterhalt beitragen; er wird es, wie das Verhalten der überwiegenden Zahl der Studierenden zeigt, auch in jedem Fall tun – wenn nicht zur Finanzierung des Lebensunterhalts, dann zur Erhöhung des Lebensstandards. Ein Kindergartenkind kann man selbstverständlich nicht zum Jobben schicken. Wieso sind also Kindergartengebühren legitim, Studiengebühren illegitim?

Der tiefere Grund für die – häufig mit bestem Gewissen vorgetragene – Nulltarifidee ist eine Verkennung der Tatsache, daß die deutschen Hochschulen (insbesondere die Universitäten) nach wie vor eine Veranstaltung der Mittelschichten sind. Die dreizehnte Sozialerhebung des Deutschen Studentenwerks weist aus, daß im Jahr 1993 nur fünfzehn Prozent aller Kinder aus Arbeiterhaushalten studierten. Aus Beamtenhaushalten studierten fünfundsechzig Prozent, aus Haushalten Selbständiger achtundvierzig Prozent, aus Angestelltenhaushalten siebenunddreißig Prozent. Der Anteil aus einkommensschwachen Schichten ist in den letzten zwölf Jahren im übrigen von vierundzwanzig Prozent auf vierzehn Prozent gesunken. Es wäre höchst sinnvoll, die bestehenden Stipendiensysteme so zu verstärken, daß Kinder aus »Arbeiterhaushalten« wieder eine größere Chance zum Studium bekommen. Mit der bisher praktizierten »solidarischen« Finanzierung ist dies allerdings keineswegs zu bewerkstelligen.

Wie absurd die gegenwärtige Lage ist, zeigt folgendes Beispiel: Die Studierenden der Verwaltungsfachhochschulen, Beamtenanwärter, bekommen vom Staat im Jahr 1 056 294 360 DM an »Anwärter-

bezügen«, zwischen dreizehnhundert und sechzehn-
hundert DM monatlich. Das heißt: 2,8 Prozent der
Studierenden, eben die zukünftigen Beamten,
bekommen ein gutes Drittel der Summe
(2 825 726 000 DM), die für die Studienfinanzierung
der restlichen 97,2 Prozent der Studierenden (über
BAföG) zur Verfügung stehen. Das ist eine geradezu obszöne Privilegierung. Wer solche Ungerech-
tigkeiten nicht abschafft, hat keinerlei Recht, die
Studierenden mit Schulden bis zu siebzigtausend
Mark zu belasten.

Das für die sich in Deutschland entwickelnde
»politische Kultur« typischste Argument allerdings
muß noch erwähnt werden. Es ist die Befürchtung,
zusätzliche Mittel aus Studiengebühren – bei 1,9 Millionen Studierenden würden Studiengebüren von
1000 DM pro Semester 3,8 Milliarden DM jährlich
erbringen, den von Kultus- und Finanzministern der
Länder ermittelten Fehlbedarf von vier Milliarden
also nahezu decken – könnten von den Finanzministern den Hochschulen an anderer Stelle sofort wieder abgezogen werden. Brutal ausgedrückt heißt
das: Die Galgenvögel von Finanzministern werden,
was immer auch vereinbart ist, die zusätzlichen Beiträge der Studierenden nicht den Hochschulen zur
Verbesserung der Lehre überlassen, sondern zur
Finanzierung des Straßenbaus, zur Bezahlung von
Zinsen oder zur Subventionierung der Braunkohle

benutzen. Wenn die Vertragsfähigkeit der deutschen Politik allerdings so weit heruntergekommen
sein sollte, wäre jede Hoffnung auf Remedur eitel.

Das Centrum für Hochschulentwicklung der Bertelsmann-Stiftung hat in Anlehnung an das von
der australischen Labour-Regierung praktizierte
»Higher Education Contribution Scheme« (HECS)
den Vorschlag zur Einrichtung eines »Deutschen
Studienfonds zur Qualitätssicherung der Hochschulen« gemacht.[64] Dieser Vorschlag ist sinnvoll, sinn-
voller jedenfalls als die vermutlich einzig realistische
Alternative: die weitere finanzielle Austrocknung
des Hochschulsystems, das Absinken seiner Qualität, der allmähliche Verlust der Konkurrenzfähigkeit der deutschen Universität.

Voraussetzung für die Umsetzung dieses Vor-
schlags ist allerdings ein realistischer Beitrag des
Staats zur Studienfinanzierung. Diese ist im letzten
Jahrzehnt nahezu »privatisiert« worden. Die unzureichende Anpassung der Bedarfssätze und Freibe-
träge führte dazu, daß immer mehr Familien aus
dem System herausfielen. Dabei wären bei einer
Reform der Ausbildungsförderung keine exorbitan-
ten zusätzlichen Mittel notwendig. Es würde genügen, die unterschiedlichen Formen des Bildungs-
transfers an die Eltern der Studierenden zu durch-
forsten. Die wichtigsten dieser Transferleistungen
sind das Kindergeld, die Kinderfreibeträge und das

Wohngeld. Gegenwärtig herrscht regelrechter Wirr-warr: Viele Familien wissen gar nicht, wieviel »Bildungstransfer« sie bekommen. Es kommt zu wilden Entlastungssprüngen – obwohl das Bruttoeinkommen gestiegen ist, hat die Familie weniger oder in manchen Fällen überproportional mehr Geld in der Tasche. Wenn die Politik sich zu einer (technisch komplizierten) Neuordnung dieses Systems entschlösse, könnte ohne wesentliche Mehrkosten für den Staat jedem Auszubildenden (der nicht schon anderweitig, zum Beispiel über Ausbildungsvergütungen finanziert wird) ein elternunabhängiger Grundsockel zugebilligt werden.

Eines allerdings ist klar: Man kann die Studierenden nicht zweimal zur Kasse bitten. Will man den Hochschulen über ihre Studenten eine neue Finanzquelle erschließen, muß man bei einer staatlichen Grundsicherung des Studiums bleiben. Und da die Studierenden, die für ihre Vorlesungen, Seminare und ihre Betreuung zahlen, diese Dienstleistungen auch nicht mehr untertänig und widerspruchslos hinnehmen werden, sind Gebühren eine gute Möglichkeit, eine hoheitliche Verwaltung in ein Dienstleistungsunternehmen umzuwandeln.

Eine stetige Verschlechterung der Qualität von Forschung und Lehre achselzuckend hinzunehmen ist phantasie- und verantwortungslos. Für die Hochbegabten aus der Unterschicht kann – und muß –

man sorgen; zum Beispiel durch eine drastische Aufstockung der Mittel für die bisher dürftig dotierten Begabtenförderungswerke. Den Bürgern aber wäre ein Offenbarungseid zu leisten: Nach der Wiedervereinigung ist der Nulltarif im Bildungswesen nicht mehr finanzierbar. Der Gesellschaftsvertrag muß (wieder einmal) modifiziert werden.

Steuerung aus der Distanz

Die politische Klasse in Deutschland weiß nicht ganz genau, wie die Hochschule der Zukunft aussehen muß; jedenfalls ist sie sich darüber nicht einig. Sie hätte es auch sehr schwer, ein einheitliches Modell in ganz Deutschland durchzusetzen – dagegen wirkt der Föderalismus. In einem solchen Fall aber ist Vielfältigkeit die wirkungsvollste Art, für eine unvorhersagbare Zukunft zu planen.[65] Den Hochschulen, in denen sehr viel individuelle Autonomie der Hochschullehrer verwirklicht ist, sollte deshalb mehr *korporative* Autonomie – also Handlungs- und Bewegungsspielraum – gegeben werden. Wir brauchen autonome Hochschulen, die ihr eigenes Profil entwickeln können, die aufgrund dieses Profils miteinander in Wettbewerb treten und deren Leistungen so weit überprüfbar gemacht werden müssen, daß sie ihrer Rechenschaftspflicht gegenüber der Gesellschaft nachkommen können. Nur so ist heute Hochschulreform noch möglich, nicht über den großen Wurf von oben, die zentralistisch durchgesetzte Reform.

Dieser Übergang von einem Modell staatlicher Kontrolle zu einem Modell staatlicher Aufsicht in der Hochschulpolitik hat sich inzwischen in vielen großen Industriegesellschaften durchgesetzt. In jener Studie über »Hochschulpolitik im internationalen Vergleich« heißt es: »Australien, die Niederlande und Großbritannien scheinen [auf diesem Weg] ein gutes Stück vorangekommen zu sein. Nicht weit hinter ihnen liegen Dänemark, Japan und Schweden. Die Regierung Japans zum Beispiel hat vor kurzem einen hochschulpolitischen Kurswechsel angekündigt, weg von einer paternalistischen Strategie mit detaillierten Anweisungen und Richtlinien hin zu allgemeineren Bestimmungen, die Grundsatzentscheidungen den Hochschulen überlassen, damit diese ihre Lehr- und Forschungsaktivitäten flexibel und autonom entwickeln können. In welche Richtung sich Deutschland und die Schweiz bewegen, bleibt jedoch – zum Teil auf Grund der föderalistischen Strukturen – weniger klar. Es scheint, daß die Regierungen dieser beiden Staaten ihren Hochschulen bis jetzt lediglich rhetorisch mehr Autonomie zugestehen.«[66] Dieser Paternalismus muß durchbrochen werden; die deutschen Hochschulen bleiben sonst von Überlast, Nivellierung, hohen Abbrecherquoten, allzulangen Studienzeiten und der Angst vor steigender Akademikerarbeitslosigkeit bestimmt.

Die erste Bedingung für ein Losbinden der Hochschulen ist dabei eine Neuregelung des Hochschulzugangs. Das erzwingt es nicht notwendigerweise, die gerade gefundene, mühselige Einigung der Kultusminister über das Abitur wieder in Frage zu stellen, obwohl die Fiktion, jedes Abitur bringe die gleiche Befähigung, genauso abwegig ist, wie die Fiktion, jeder Fachbereich oder jedes Institut seien ungefähr gleich gut. Auf die Dauer wird sich eine fachgebundene Hochschulreife durchsetzen. Daß Schulen, die ihre Absolventen mehrere Jahre lang beobachten, deren Leistungen genauer beurteilen können als Universitätsprofessoren, die Tests veranstalten, ist schon richtig. Daß das Abitur aber sowohl zum Studium der Physik als auch zu dem der Germanistik, sowohl für Elektrotechnik als auch für Soziologie oder Forstwissenschaft befähige, ist eine Lebenslüge. Irgendwann werden wir sie aufgeben. Dann können wir auch damit aufhören, uns ständig über die angeblich fehlende »Studierfähigkeit« der nachrückenden Generationen aufzuregen. Diese Aufregung verursacht derzeit einen permanenten Druck auf die Oberstufe des Gymnasiums. Die Hochschulen verlangen kategorisch, die Freiheit zur Profilbildung in den Gymnasien einzuschränken und wieder Grundwissen in Kernfächern, also einen (immer fragwürdigen) Kanon abzuprüfen. Das alles ergibt wenig Sinn; die Veränderungen sind aber nicht rasch, sondern nur auf mittlere Sicht durchzusetzen.

Sofort umsetzen sollte man einen Wettbewerb der Hochschulen um die Studierenden und einen Wettbewerb der Studierenden um die Hochschulen. Dazu müßte man den Hochschulen einen gewissen Einfluß auf die Auswahl ihrer »Kunden« geben. Der sächsische Staatsminister für Wissenschaft und Kunst, Meyer, hat zum Beispiel vorgeschlagen, den Studienbewerbern die Möglichkeit zu geben, sich an drei Hochschulen ihrer Wahl direkt zu bewerben. Erst wenn sie an allen drei Hochschulen abgewiesen werden, sollte zukünftig ein – ergänzendes – Verteilungsverfahren durch die berühmte Dortmunder Zentralstelle durchgeführt werden. So erhielte jeder Studienbewerber die Möglichkeit, sich eine Hochschule seiner Wahl auszusuchen, und zwar aufgrund ihres wissenschaftlich-fachlichen Profils und der Faszination, die ihre Hochschullehrer ausstrahlen. Wie sich die Hochschulen ihre Bewerber aussuchen, sollte man ihnen selbst überlassen. Dieser Vorschlag ist sinnvoll.

Eine Verletzung des in Deutschland grundgesetzlich garantierten Rechts auf ein Studium wäre mit der Realisierung dieses Vorschlages nicht verbunden. Der Traum vieler Professoren, die von amerikanischen *admissions tests* schwärmen, ist ja im allgemeinen durchtränkt von der Lust, einen erklecklichen Teil der Studenten gar nicht erst zuzulassen. Darum kann es nicht gehen. Kapazitäten dürften nicht willkürlich verringert werden. Auch in diesem neuen System gäbe es – am Schluß – eine bürokratische Verteilung; aber eben nur eine Verteilung des Rests. Die überwiegende Mehrheit der Studierenden hätte sich ihre Hochschule selbst gesucht. Die Hochschulen hätten sich die überwiegende Zahl ihrer Kunden auch selbst gesucht. Und so würden endlich Chancen für eine wettbewerbliche Hochschule eröffnet.[67]

Der zweite Stein in diesem Gebäude wäre eine weitgehende Finanzautonomie der Hochschulen. Das bestehende Haushaltsrecht läßt eigenverantwortliches wirtschaftliches Handeln der Universitäten nicht zu. Universitäten werden von Ministerialräten (»Referenten«) gesteuert – die Fachleute sprechen von einer »detaillierten ex ante- und Prozeßsteuerung«.[68] Also haben wir keine wirtschaftlich denkende Hochschule, keine *university of calculation*.[69] Das Ergebnis ist bekannt. Wir haben keine betriebswirtschaftliche Kostenrechnung, wir wissen auch nicht genau, was ein Studium kostet. Wenn eine Universitätsleitung durch irgendwelche Maßnahmen Öl spart, wird ihr der ersparte Betrag im nächsten Jahr beim Zuschuß gekürzt. Warum sollte man also sparen? Solche Zustände kann sich ein schwer gebeutelter, immer finanzschwächer werdender Staat auf Dauer nicht leisten. Deswegen ist eine Finanzautonomie der Hochschulen dringlich. Sinnvoll wäre eine Globalisierung der Hochschulhaushalte und eine radikale Flexibilisierung, die den

Hochschulen die volle Freiheit über die Ausgaben im Bereich des Personals, der Investitionen und der laufenden Mittel gäbe. Wer besonders kühn sein wollte, könnte den Hochschulen sogar ihre Gebäude und Großgeräte übereignen. Wäre es so schlimm, wenn eine deutsche Universität dem Beispiel vieler Großunternehmen folgte, ein repräsentatives altes Gebäude im Zentrum der Stadt aufgäbe und mit dem Erlös einen Campus auf billigerem Grund errichtete?

Wer will, daß solche Maßnahmen greifen, braucht mehr Autorität in den Hochschulen. Deshalb müssen die »Institutionsleiter«, also insbesondere Präsidenten und Dekane, gestärkt und professionalisiert werden. Es ist ja eine ziemlich abwegige Vorstellung, daß ein (unvorbereiteter) Physiker besonders gut geeignet sei, eine Sektion Physik zu leiten, bloß weil er ein guter Physiker ist. Er wird sich im übrigen gar nicht die Mühe machen, die komplizierten Probleme von *fund raising*, Personalverwaltung oder mittelfristiger Finanzplanung zu lernen, wenn er weiß, daß er sein herausgehobenes Amt nur zwei Jahre ausübt. Deshalb muß man den Institutionsleitern mehr Macht geben; womit man gleichzeitig dem feinmaschigen Netzwerk zwischen Lehrstuhlinhaber und Staatsbürokratie Macht entzieht. Martin Trow meint, daß an der Spitze der Universitäten, Fakultäten und Fachbereiche »eine Art von Entschiedenheit

und unumschränkter Vollmacht« notwendig sei,
»wie wir es in erfolgreichen Wirtschaftsunterneh-
men finden.«[70] Ein energischer »Institutionsleiter«
ist die einzige Autorität, die einer Einrichtung des
»tertiären Bereichs« eine neue Richtung geben
kann. Man sollte Trows Vorschlägen folgen. Das
würde im übrigen auch verlangen, diesen Institutionsleitern einen spürbaren finanziellen Spielraum
zu geben. Die Amerikaner nennen das *slack,* also
institutionelle Geld-, Raum-, Zeit- und Energie-
quellen, die nicht schon durch bestehende Funktionen oder andauernde Projekte festgeschrieben sind.
Wenn eine Universität wirklich international konkurrenzfähig sein soll, muß sie in der Lage sein,
schnell für spannende Ideen Mittel zur Verfügung zu
stellen. Also dürfen solche Entscheidungen nicht
durch ein aufwendiges Antragsverfahren beim Staat
oder beim Gremienzirkus der Hochschule selbst
gepreßt werden müssen. Geld und Räume müssen
zumindest teilweise gepoolt werden, damit man sie
nach Maßgabe der Qualität geleisteter oder beab-
sichtigter Forschung und Lehre zuweisen kann. In
einem solchen System muß es selbstverständlich
werden, einzelnen Leuten mehr Verantwortung *auf
Zeit* zu übertragen. Diese Leute müssen kontrollier-
bar, also auch abwählbar sein. Aber es ist albern, aus
lauter Angst vor Machtmißbrauch Einfluß so kompliziert zu verteilen, daß Entscheidungen ewig dau-

ern oder gar nicht zustande kommen. Es ist im übrigen selbstverständlich, daß eine so umkonstruierte Hochschule um so besser funktioniert, je größere Chancen zur Leistungsentlohnung es gibt. Das muß nicht heißen, daß man Hochschullehrer grundsätzlich nicht zu Beamten machen sollte. Auch im gelobten Land des Kapitalismus, in den Vereinigten Staaten – wo es kein dem deutschen vergleichbares Beamtenrecht gibt – bekommen Hochschullehrer nach einer gewissen Zeit *tenure*, werden also mehr oder weniger unkündbar. Der Kampf gegen das Beamtenrecht ist inzwischen fetischisiert worden. Die Abschaffung der Verbeamtung garantierte zuerst einmal gar nichts.

Wohl aber wäre es notwendig, im Beamtenrecht und im Bundesangestelltentarif alle Möglichkeiten zur Leistungsentlohnung auszuschöpfen. Täte man das, könnte man den deutschen Hochschulen einen großen zusätzlichen Bewegungsspielraum verschaffen. Im übrigen sollte man jeden Hochschullehrer, der das beantragt, von jeglichen »Nebentätigkeitsbestimmungen« freistellen, ihm aber statt zwölf oder dreizehn nur neun Monatsgehälter überweisen.

Schlußstein dieser Reformen müßte die (kontrollierte und natürlich gut vorbereitete) Einführung eines neuen Systems für Qualitätssicherung an den deutschen Hochschulen sein. Im Endergebnis müßten wir »schwedische Zustände« erreichen. Dort werden heute schon die Mittel (nicht vollständig, aber in hohem Maße) nach meßbaren Qualitätskriterien zugewiesen, zum Beispiel nach der Zahl der Studierenden, ihren Leistungen, nach der Zeit, die die Studenten zu ihrem Studium brauchen, nach Maßgabe von Qualitätsprämien. Es gibt systematische Evaluationen. Das Ergebnis einer solchen Evaluation kann sein, daß zusätzliche Mittel zugewiesen werden oder Geld (maximal fünf Prozent) abgezogen wird. In diese Richtung sollte sich auch die Hochschulpolitik in Deutschland vortasten.

Bis dahin müssen die Deutschen allerdings noch einen langen Weg gehen. »Qualität ist das, was die Wissenschaftler dafür halten«, hat Peter Weingart zur Qualitätssicherung in der Forschung gesagt.[71] Zum selben Thema in der Lehre bemerkt der Präsident der Universität Hamburg, Jürgen Lüthje: »Es gibt weder Kriterien noch Parameter, was denn gute Lehre und ein gutes Studium ausmacht. Ist es Erfolg in der Abschlußprüfung oder im späteren Beruf? Ist es das gute Gefühl am Ende einer Veranstaltung, wenn ja: Wessen Gefühl? Das der Studierenden oder das der Lehrenden? Kurz: Über die Qualität in Lehre und Studium wissen die Hochschulen zu wenig.«[72] So kann das nicht weitergehen. Das Ziel sollte nicht ein vorschnelles *ranking* einzelner Hochschulen sein, wie es manche Zeitungen und Zeitschriften heute schon auf eigene Faust veranstalten.

Angebracht wäre statt dessen die systematische Prüfung ausländischer Denkmodelle, ob es die in den
Niederlanden bewährte Lehr-Evaluation wäre, das
amerikanische Instrument der *visiting comities* oder
die Idee, »Lehrern des Jahres« Preise zu verleihen.
Die Bewertung, Messung und Interpretation von
Qualität muß in den deutschen Hochschulen zu
einem selbstverständlichen Diskussionsthema werden.

Es ist klar: wer Entscheidungen in die Hochschulen verlagert, nimmt der Bürokratie Einwirkungs-
und Steuerungsmöglichkeiten. Dagegen wird die
sich wehren; wer verliert schon gern Macht? Also
muß die Politik eingreifen. Die Hochschulen werden
erst dann »Hochschulreform auf eigene Faust« prak-
tizieren können, wenn die Politik sie dazu in die
Lage versetzt.

Kommunikation

Eine Universität muß mehr sein als die Ansammlung von Benutzern einer zentralen Heizungsanlage.[73] Eine ihrer großen Aufgaben sei »Kommunikation«, hat Karl Jaspers gesagt. Er meinte damit die universelle, interdisziplinäre Kommunikation in einer Forschergemeinschaft, zu der auch Jüngere gehörten, also Studenten. Kann das in der Massenuniversität der neunziger Jahre des zwanzigsten Jahrhunderts überhaupt noch funktionieren?

Nun kann man natürlich jede – notwendigerweise kompromißgebeutelte – Wirklichkeit mit einem schwungvollen Romantizismus totschlagen. Ein bestimmter Professorenpoujadismus neigt dazu. Er phantasiert von der Zwerghochschule hinter dem Gartenzaun[74], von der Lebensgemeinschaft zwischen Professoren und Studenten. Der eine erinnert sich an die Erzählungen seines Doktorvaters, als am Semesteranfang die Studenten, unter Anteilnahme der ganzen (Klein-)Stadt, ihre Zimmer im Turm der Johanniskirche bezogen; nach einem Semester wurden sie dann zu ihrem Ordinarius zum Tee geladen. Göttinger Träume. Die anderen waren mal in Harvard und haben dort die *dormitories* gesehen, ebenso stilvolle wie unzumutbare Schlafsäle für mehrere. Neuenglische Träume. Angesichts dieser Radikalität muß man sagen: Zu einer »Lebensgemeinschaft« kann man eine moderne Universität mit zwanzig- oder dreißigtausend Studenten nicht mehr machen. Aber sie kann mehr sein als eine zentrale Heizungsanlage oder ein großer Computer, der für die regelmäßige Auszahlung der Gehälter sorgt. Diesen »Mehrwert« muß man aber wollen; bei vielen deutschen Hochschullehrern hat man heute den Eindruck, daß sie an ihrem Beruf am meisten schätzen, daß er es erlaubt, eigenbrödlerisch vor sich hin zu werkeln. Das sind die Mißmutigen, die ihre achtstündige Lehrverpflichtung an eineinhalb Tagen abreißen, sich an der akademischen Verwaltung nicht beteiligen und ihren Studenten so geschickt wie möglich aus dem Weg gehen. Wenn dann, nach zehn Jahren eines so verbrachten Lebens, das große Werk erscheint, die der Einsamkeit abgerungene Doderer-Monographie, das für mehrere Studentengenerationen gültige Lehrbuch für das Datenschutzrecht, dann ist es ja in Ordnung. Gelegentlich sind die Arbeitsergebnisse von Leuten, die vier Tage in der Woche »forschen«, aber höchst dürftig; zwei »Reader« in zehn Jahren, dazu drei Sonderdrucke. Solche Leute lassen die kommunikative Dimension der deutschen Universität verkommen.

Denn die »Einsamkeit« aus der zu Tode gerittenen Formel »Einsamkeit und Freiheit« meinte ja niemals das Eremitendasein in Klöstern auf dem

Berge Athos. Es meinte die Befreiung von den »Elendigkeiten des bürgerlichen Lebens«, vom »widerwärtigen Element« der täglichen Geldbeschaffung.[75] Einsamkeit sei »hülfreich«, sage Humboldt, genau zitiert: »Der Universität ist vorbehalten, was nur der Mensch durch und in sich selbst finden kann, die Einsicht in die reine Wissenschaft. Zu diesem Selbstaktus im eigentlichen Verstande ist notwendig Freiheit und hülfreich Einsamkeit, und aus diesen beiden Punkten fließt zugleich die ganze Organisation der Universitäten.«[76] Diese Art »Einsamkeit« kann sich ein Hochschullehrer von heute durchaus reservieren, wenn er nicht auf allen halblebigen Fachtagungen herumsteht, auf die er eingeladen wird. Er ist frei von allerhand »Elendigkeiten«, denen andere Berufe Tag für Tag ausgesetzt sind. So billig es ist, Hochschullehrer und Lehrer zu verhöhnen, weil sie lange Ferien haben und nicht von acht Uhr früh bis fünf Uhr nachmittags in ein Büro gehen müssen, so unbillig wäre es auch, so zu tun, als ob dieser Alltag keinen Platz für Kommunikation ließe. Es ist anders herum: Bei uns ist das Ethos der Kommunikation heruntergekommen. Je größer die Universität geworden ist, desto weniger hat man sich darum gekümmert, wo wer mit wem spricht. So treffen sich manche Fakultätsmitglieder nur noch im Supermarkt. Hier liegt der Krebsschaden.

Denn konzipiert ist die deutsche Universität als

Kommunikationsraum. Natürlich mußte und muß sie ihre Grundfunktionen erfüllen: Forschung, Ausbildung. Schon die *character formation*, also die Bildung sollte sozusagen nebenbei entstehen, als Einübung wissenschaftlicher Tugenden (der Sachlichkeit, Hingabe an den Gegenstand, des besonnenen Abwägens, Aufsuchens der entgegengesetzten Möglichkeiten, der Selbstkritik). Die Pointe der Universitätsidee aber ist der Dialog – egal, ob der in wohlgeplanten Sonderforschungsbereichen entsteht oder in archaischen Doktorandenkolloquien, beim Mittagessen von zwei Fakultätskollegen, bei einer gemeinsamen Lehrveranstaltung für Juristen und Informatiker oder bei der Betreuung eines Graduiertenkollegs. Nur auf diese Weise war ja auch »Elitebildung« möglich. Man filterte in vielfältigen Kommunkationsprozessen die Exzellenten heraus und förderte sie ganz besonders. Das hat seit Humboldt funktioniert und funktioniert auch heute noch gelegentlich. Keiner soll behaupten, daß Lehrer-Schüler-Beziehungen in der deutschen Universität heute einfach nicht mehr existierten. Aber sie sind zu selten, zu indirekt geworden. Und wenn der Kommunikationsfluß stockt, leidet natürlich auch die Arbeit der Zuspitzung. Dann treibt der eine diese und der andere jene Spezialität. Die Entwicklung einer großen These verlangt Absicherung durch Rückfragen, die Prüfung von Gegenhypothesen, den Widerspruch anderer Disziplinen, also wiederum: Kommunikation. An der Kommunikation hängt also das ganze Charisma der Institution: die *culture of excellence* genauso wie die Artikulierfunktion, also die Aufgabe, als Forum der Nation, als Sprechsaal für aufklärende Diskurse zu wirken. Übrigens: Kommunikationsfähigkeit setzt Vielsprachigkeit voraus. Hier könnten die arroganten Deutschen (oder Franzosen) von den Schweden manches lernen.

Nun stellt sich Kommunikation in komplexen, verästelten Netzen nicht naturwüchsig her. Sie braucht Übergänge, Vermittlungsstellen, Übersetzungskapazitäten. Das hat eine technische Dimension. Die meisten deutschen Universitäten haben keinen Campus, keinen Faculty Club, kein Gästehaus, keine Räumlichkeiten für gesellschaftliche Begegnungen. Bei manch alten Universitäten, die mitten in der Stadt liegen, geht es noch; man kann »zum Italiener« gehen. Bei den neueren Vorstadtuniversitäten kann die nächste Pizzeria aber auch leicht fünf Kilometer entfernt sein. Eine Arbeitsgruppe, die in angenehmer Atmosphäre tagen will, muß bei einer Großforschungseinrichtung anklopfen. Treffpunkte mit Übernachtungsmöglichkeiten (zum Beispiel für Blockseminare) sind höchst rar. Hier liegt ohne Zweifel ein Versäumnis der staatlichen Seite. Sie hielt und hält Kommunikationseinrichtungen für Luxus: ein fundamentaler Irrtum.

Diese Sparsamkeit am falschen Platz ist aber nicht der Hauptgrund für die Misere. Der liegt in der unkommunikativen Haltung vieler deutscher Hochschullehrer, in einem seltsamen Hang zur Privatisierung, zur Abkapselung. In den goldenen Zeiten des Großordinarius war die opulente Privatbibliothek das Symbol für die Selbstherrlichkeit. Damals aber traf man sich einmal wöchentlich in der Fakultät. Seitdem diese durch »Repäsentativgremien« abgelöst wurden ist eine »Einsamkeit« möglich geworden, die Humboldt sich nicht vorgestellt hatte. Dazu kommt noch der fehlende Sensus vieler Hochschullehrer für Ritus, Stil, Gesellschaftlichkeit. So kommt es zu Betonuniversitäten an irgendeinem Großstadtrand, in dessen Waben Professoren sitzen, die zur Mittagsstunde gedankenverloren an einer traurig belegten Semmel kauen. Zur Strafe wird dieser Typus von den Studenten dann auch nicht mehr Professor genannt, sondern »Prof«. Bald weiß man in der einen Wabe nicht mehr, was in der Wabe nebenan geschieht. Mit dieser teils egomanischen, teils muffeligen Kommunikationsverweigerung verfällt die »Universität« – ihre Idee verflüchtigt sich.

Als der erste Rektor des Wissenschaftskollegs zu Berlin, Peter Wapnewski, für die Fellows einen Lunch obligatorisch machte, gab es zuerst eine kleine Revolution. Aber diese bescheidene Regel stiftete plötzlich Zusammenhänge. Man kann die

Riten eines Institute for Advanced Studies nicht auf eine Massenuniversität übertragen. Aber man könnte begreifen, daß sich das Kommunikationsproblem für große und verschachtelte Institutionen noch viel dramatischer stellt als für kleine und übersichtliche. Für das Gebilde »Universität« ist die Entwicklung eines neuartigen kommunikativen Ethos eine Überlebensfrage. Je größer die Institution, desto notwendiger ein kommunikatives Gewissen, Kommunikationsmanieren, Kommunikationskonventionen, kommunikative Kompetenz. Die deutschen Universitäten werden nur dann Schlüsselinstitutionen unserer Wissensgesellschaft bleiben (oder erneut werden) wenn sie eine neue Kommunikationskultur entwickeln.

Die virtuelle Universität

Wenn die deutsche Universität überleben will, muß sie Anpassungsfähigkeit, Plastizität, Reformwillen entwickeln. Das betrifft im besonderem Maß die Lehre, die seit Humboldts Zeiten – vor allem aber seit dem Hochkommen der Massenuniversität – ein Stiefkind ist. Deshalb ist in den nächsten zwei Jahrzehnten die größte Herausforderung für die Universität die Kommunikationsrevolution, also das, was durch die mikroelektronische Wende Anfang der achtziger Jahre eingeleitet wurde: das Zusammenschalten der Endgeräte Personalcomputer, Telefon und Fernsehen, die Entwicklung des Computers zum Medium der Medienintegration. Die Kurzformel heißt »Multimedia«. Lehren und Lernen sind Kommunikationsprozesse. Die Universität muß sich klarmachen, daß diese Prozesse gerade rationalisiert, optimiert und in ihrer Logik verändert werden. Auch die Forschung verlangt neue Kommunikationstechniken; zum Beispiel verändert sich die Methodik der Recherche. Gleichzeitig werden die internationalen Beziehungen der Forscher zueinander noch einmal verdichtet, beschleunigt, erleichtert. Wenn die Universität sich auf diese »Revolution« nicht rechtzeitig einstellt, kann sie nun wirklich »den Anschluß verlieren«. Nichts ist so international wie die *scientific community*. Wer die hier geltenden Kommunikationsstandards nicht beherrscht, fällt ins Leere.

Die erste Voraussetzung für eine Teilnahme an diesem Prozeß ist eine leistungsfähige Infrastruktur. Da haben die Deutschen die Weichen im letzten Moment richtig gestellt. In den USA wird für die Forschung ein 155-Megabit-Netz betrieben, das durch breitbandige, kommerzielle Herstellerangebote ergänzt wird. Darüber hinaus sind fünf Testnetze höherer Leistung aufgebaut worden, auf denen die Netzbetreiber, Hersteller, Universitäten und Forschungsinstitute neue Netztechnologien und neue Anwendungen erproben können. In Deutschland gab es bisher nur ein bundesweites Forschungsnetz mit Zugangsgeschwindigkeiten von zwei Megabit pro Sekunde; das erzwang eine mühselige Arbeit – langsam, teuer, voller Engpässe. Erst im Jahr 1995 hat die Bundesregierung die Voraussetzungen dafür geschaffen, daß nun auch im Land der Dichter und Denker ein schnelles Wissenschaftsnetz aufgebaut werden kann: ein Breitbandnetz auf Basis der neuen Netztechnologie ATM (Asynchronous Transfer Modus), und zwar mit Übertragungskapazitäten je Anschluß von vierunddreißig Megabit pro Sekunde bis (zunächst) einhundertfünfundfünfzig Megabit. Wenn dieses Netz voll installiert sein wird – in etwa drei Jahren –, wird auch die Wissenschaft in

Deutschland eine Infrastruktur haben, die zum Beispiel Multimedia-Anwendungen oder Arbeiten auf entfernt stehenden Großrechnern in Echtzeit ermöglicht.[77] Es ist schon fast komisch, daß eine politische Klasse – insbesondere: eine Regierung –, die nahezu täglich von den »Standortproblemen« des Landes spricht, eine solche Entscheidung so spät (und immer noch ein wenig halbherzig) getroffen hat.

Mit der Netzinfrastruktur sind aber nur die Voraussetzungen dafür geschaffen, daß sich die Hochschulen auf die neue Lage einstellen. Der nächste notwendige Schritt wäre die Bereitschaft der Hochschulverwaltungen und der Professoren, die neuen Kommunikationsmöglichkeiten zu nutzen sowie die Ausstattung aller Studierenden mit Endgeräten und Anschlußmöglichkeiten zum Beispiel in netzwerkverbundenen Seminarräumen, Bibliotheken etc. Soweit ist die deutsche Universität aber noch lange nicht. Die ältere Generation der Ordinarien (einige Natur- und Ingenieurwissenschaften ausgenommen) bildet sich immer noch ein, es sei ausreichend, wenn ihre Assistenten mit dem Notebook umgehen könnten. Das ist nicht anders als bei deutschen Managern. Und gegen eine große Kampagne »Jedem Studierenden seinen Laptop« spricht noch immer die deutsche Nulltarifmentalität im Bildungswesen. Zwar sind die Preise für leistungsstarke Computer inzwischen auf ein für die meisten Haushalte erschwingliches Niveau gefallen. Auch garantieren die neueren Generationen einen leichten Gebrauch von Software und Anwendung. Telekommunikation und Übertragung bedienen sich immer häufiger digitaler Technologien, was die Verschmelzung von Datentransfer und Telekommunikation (sogar einschließlich der Unterhaltung) erlaubt. Aber es ist natürlich ausgeschlossen, daß der Staat auch noch die Kosten für die Hardware übernimmt. Statt den Bürgern einzuhämmern, daß die wichtigsten Investitionen Bildungsinvestitionen sind, überläßt man ihnen bei uns immer noch Schulbücher umsonst; allerdings veraltete, die sieben oder acht Jahre von Hand zu Hand gehen. Das erhöht dann zwar die Investitionen in die Mobilität, die Touristikbranche und die Bauwirtschaft. Ob diese Art von »Investitionslenkung« allerdings von den richtigen Zielen bestimmt ist, daran kann man zweifeln. Jedenfalls sind wir in den meisten deutschen Fachbereichen noch weit von der Situation an der University of California in Berkeley entfernt, wo die Benutzer in den Lesesälen der Bibliotheken an jedem Platz ihre Notebooks per Steckverbindung an das universitäre Netzwerk anschließen können.[78]

Die Verspätung, die so bewirkt wird, bringt sechs gravierende Nachteile für die deutschen Hochschulen mit sich:

• Allzu viele Fachbereiche und Institute deutscher Hochschulen versäumen es, die Qualität ihrer Ausbildung durch neuartige Darbietungs- und Vermittlungsformen zu verbessern. Hypertexte lösen einen Sachverhalt oder ein Wissensgebiet in überlegt portionierte Informationseinheiten auf. Könnten – potentiell – alle Studierenden, wann immer sie wollen, elektronische Lehrbücher, vorlesungsbegleitende Lern- und Studiersysteme etc. benutzen, könnte man sich viele Repetitoren, Tutoren und Assistenten sparen[79], vor allem aber die Didaktik erheblich verbessern.

Der Einsatz von Multimedia in der Lehre ist sicher kein Patentrezept. Er ist für die Vermitttlung von Faktenwissen geeigneter als für die Entwicklung von Strukturwissen. Auch sind für viele Lernvorgänge Bewegtbilder und Musik herzlich überflüssig. Aber wer sich im Fraunhofer-Institut für Graphische Datenverarbeitung einmal angesehen hat, wie mit Hilfe virtueller Techniken Kniescheibenoperationen gelernt werden können, die bisher an lebenden »Objekten« geübt werden mußten, der erkennt mit einem Schlag, welche Vorteile diese Techniken für die Hochschulen bringen können. Die Voraussetzung für eine solche Entwicklung aber wäre die Durchbrechung des derzeit wirkenden Zirkels: Die Studierenden kaufen sich keine Hardware, weil es nicht genügend Software gibt, und die Industrie entwickelt wenig Software, weil sie noch keinen Markt erkennt. Der amerikanische Vizepräsident Al Gore hat dieses Problem für sein Land erkannt; die Kampagnen, die er organisiert, verändern das Bewußtsein der amerikanischen Gesellschaft. In Deutschland wartet man bisher vergeblich auf einen Al Gore.

● Das ist um so erstaunlicher, als die halbbankrotten Universitäten mit einem systematischen Einsatz moderner Kommunikationstechniken viel Geld sparen könnten. So unverzichtbar das persönliche Gespräch zwischen Lehrenden und Lernenden in Seminaren aller Art ist – ob es Sinn macht, wenn sich siebenhundert Studierende zur gleichen Zeit per Auto oder U-Bahn auf den Weg machen, um in einem vollständig überfüllten Hörsaal eine Anfängervorlesung über »Leistungs- und Kostenrechnung« zu hören, muß man heftig bezeifeln. Die Möglichkeit, per Datenleitung im Katalog der Universitätsbibliothek nachzuschlagen und sich Texte schlicht auf den Bildschirm zu holen, würde die Anschaffungsetats der Bibliotheken entlasten und im übrigen manche Engpässe beseitigen. Besonders wagemutige Universitätsreformer könnten sogar die Idee diskutieren, Vorlesungen oder Seminare per Datenleitung live von einer Universität zur anderen zu senden. Nicht jede Universität bräuchte dann »eine Stelle« für jede Spezialität.[80] Natürlich wird

das Eifersüchteleien zwischen den Hochschullehrern auslösen; viele werden der festen Überzeugung
sein, daß nur ihre eigene Anfängervorlesung die Studenten sinnvoll ins Fach einführen könne. Unter
dem harten finanziellen Druck, der in den nächsten
Jahren kaum vermeidbar erscheint, könnten aber
auch solche Veränderungen durchgedrückt werden.
● In vielen – insbesondere naturwissenschaftlichen
– Fächern wird die systematische Nutzung moderner
Kommunikationstechniken im übrigen unvermeid-
bar werden, wenn die deutschen Hochschulen weiterhin eine wichtige Rolle spielen wollen. So geht
man davon aus, daß im Fach Biologie in einigen
Jahren alle wichtigen Forschungsergebnisse in elek-
tronischen Magazinen veröffentlicht werden.[81] In
den USA existieren schon über vierhundert elektronische Fachzeitschriften und Newsletter. Digitale
Blätter gehören längst zum Standardrepertoire von
Physikern und Psychologen. Für manche Disziplinen werden Methoden der *virtual reality* neue Per-
spektiven eröffnen. Beispiel Chemie: Heute lassen
sich auf graphischen *workstations* dreidimensionale
Bilder der Moleküle erzeugen, die mit Spezialbrillen
sichtbar und mit einem Joystick manipuliert werden
können. Auf diese Weise entstehen neue Möglichkeiten, Moleküle direkt anzufassen und zu begreifen.[82] Hochschulen, die sich solcher Methoden nicht
bedienten, müßten ins Hintertreffen geraten.

• Vor allem aber ermöglicht die selbstverständliche Nutzung moderner elektronischer Kommunikationsmittel eine völlig neue Form der Kommunikation zwischen Lehrenden und Lernenden. Wer jemals die Schlangen gehetzter Studentinnen und Studenten gesehen hat, die vor dem Dienstzimmer irgendeines Volkswirtes auf eine Fünf-Minuten-Audienz warten, weiß, daß ein wichtiger Teil der dort absolvierten Gespräche (also nicht alle, wohl aber viele) weit besser über E-Mail abgewickelt werden könnten als in klassischen »Sprechstunden«. Der Hochschullehrer wäre nicht mehr an feste Zeiten gebunden; wann er seine E-Mail erledigt, bliebe ihm selbst überlassen. Die Studierenden wären von der Schwellenangst befreit; manche trauen sich viele Semester nicht zu ihrem Professor, und andere werden das ganze Studium ausschließlich von Assistenten »verarztet«. Es wäre sicher übertrieben, wenn man behaupten wollte, daß man mit der Computerisierung der Universität die Verhältnisse von Humboldts Berliner Reformgründung wiederherstellen könnte. Damals lasen die Professoren zu Hause; gelegentlich im Schlafrock. Das ermöglichte Formen der Vertraulichkeit, die über den Personalcomputer nicht herstellbar sind. Die vielbeklagte Kontaktarmut der Massenuniversität aber wäre heute durch simple Vorkehrungen abzubauen oder zu mildern. Wieso gibt es keine große Initiative aus den Hoch-

schulen oder aus der Politik für eine derartige Verbesserung der Kommunikation?

• Die deutschen Hochschulen verzichten mit der
zögerlichen und halbherzigen Umstellung ihrer
Kommunikationsgewohnheiten auch auf manche
Chancen der Internationalisierung. Selbstverständlich gibt es auch heute schon avancierte Fachbereiche, die systematisch die Möglichkeiten des World
Wide Web nutzen. Dort präsentieren sich tausend
Hochschulen aus knapp sechzig Ländern. Ein
Medizinstudent kann über das Internet auf dem
Rechner eines amerikanischen Laboratoriums einen
virtuellen Frosch sezieren. Aber wie viele Studenten
werden dazu angehalten? Bei wie vielen ist es zur
selbstverständlichen, täglichen Praxis geworden, die
wissenschaftlichen Probleme, die man gerade löst,
mit Partnern in Stanford, Singapur oder Paris zu
erörtern? Technisch ist das längst möglich. Praktiziert wird es nur von *freaks*. Da entgeht den deutschen Eliten manches.

• Sie könnten sogar einen großen Paradigmen-
wechsel verpassen. Auch wenn man das utopische
Geraune der Mutationspropheten – Herbert Mar-
shall McLuhan, Paul Virilio oder Jean Baudrillard –
abweist und die Idee, daß das Alphabet als Haupt-
medium der industriellen Zivilisationen durch visu-
elle Kulturtechnologien abgelöst werde[83], absurd
findet: Es kann kein Zweifel darüber bestehen, daß

das textuelle Informationssystem der Menschheit gewaltig überlastet ist, daß sich neue Vernetzungs- strukturen bilden, an die man nur mit einer hyper- textbasierten Arbeitsweise (Ted Nelson) heran- kommt. Die Avantgarde dieser Welt versucht, mit Hilfe multimedialer Informationsstrukturen auf der Basis von visuellen, graphischen Codes die heute gegebenen Informationsengpässe zu überwinden. Wenn wir uns von dieser Avantgarde abschotten, rutschen wir ab. Wir sind schon dabei.

Technisch ist die Welt so weit, ein einziges Buch über moderne Kanäle Hunderten Lesern zugänglich machen zu können. Aber wie sieht unsere Praxis aus? »Eine Elite, deren Leistung und Kreativität wir dringend benötigen, wird mißbraucht, um repetitiv Inhalte zu elaborieren. Mitschreiben, was in Kreide an der Tafel steht und in Einsamkeit Skripten und Aufzeichnungen studieren, das bildet den Lernall- tag. Die Qualität der Darbietung ist stark auf die Person des Dozenten bezogen, auch beste Vor- lesungen sind nicht wiederverwendbar; die didakti- sche Qualität differiert von Präsentation zu Präsen- tation, von Person zu Person. An unseren Universi- täten füllen sich täglich Parkplätze mit Tausenden von Autos, um Menschen zu Informationen zu brin- gen, die zum größten Teil aus nichtinnovativen Inhalten bestehen. (...) Im Zeitalter der Jahrtau- sendwende vermitteln wir Wissen völlig ohne Rationalisierung und Gesamtverantwortung für individuelle soziale Gegebenheiten.«[84]

Die deutschen Hochschulen werden nur konkurrenzfähig bleiben, wenn sie sich rasch und systematisch mit der Kombination von Computern, globalen Netzwerken, großflächigen visuellen Displays, Giga- und Terabyte-Datenbanken etc. auseinandersetzen. Und wiederum: »Auf eigene Faust« können sie das nicht tun. Sie brauchen die Politik. Nur Einsichten an beiden Fronten können das alte Denken überwinden.

Fazit

1809, als Humboldt die Berliner Universität gründete, lag Preußen am Boden. Die Reformer waren von dem Gedanken getrieben, der Staat müsse durch geistige Kräfte ersetzen, was er an physischen verloren habe. Heute scheint die Lage umgekehrt: Deutschland ist durch die Vereinigung größer, auf lange Sicht sicher auch stärker geworden, und man meint, auf geistige Kräfte nicht allzuviel Rücksicht nehmen zu müssen. Die Erhaltung und Reform der deutschen Hochschulen ist ein Politikum ersten Ranges. Es wird aber als dritt- oder viertrangiges Problem abgetan; jeder Bosnieneinsatz, jede Besteuerungs-Quisquilie werden wichtiger genommen. Das wird sich bitter rächen. Denn in der Informationsgesellschaft der Zukunft ist Wissen der wichtigste Rohstoff. In den Worten des Konstanzer Philosophen Jürgen Mittelstraß: »Die Zukunft der Universität ist auch die Zukunft der modernen Welt.«[85] Wird das nicht – bald – begriffen, können die Deutschen sich ihre »Standortdebatte« abschminken.

Die deutschen Hochschulen sind von zwei Seiten bedroht. Die eine Gefahr kommt aus der verbreiteten Lustlosigkeit gegenüber der Bildungspolitik an hohen und niederen Stellen.[86] Sollte der Staat sich bei der Vereinigung übernommen haben, muß er das offen sagen und dann den Mut aufbringen, die betroffenen Bürger zu zusätzlichen Leistungen aufzufordern. Die langsame, sozusagen unmerkliche Austrocknung der Hochschulen ist unverantwortlich. Genau das aber ist die derzeitige Politik.

Die zweite Gefahr kommt aus der Hochschule selbst. Es ist die Preisgabe der Universitätsidee als solcher, einerseits durch das Versacken im Spezialistischen, andererseits durch den durch alle Ritzen dringenden Relativismus, der sich heute mit dem Begriff »postmodern« schmückt. Die Universität des Jahres 1996 ist »im Kern« noch nicht »verrottet«, aber auch längst nicht mehr gesund. Sie ist krank. Es wäre verdammt gefährlich, wenn die Politik sich verhielte wie ein vierschrötiger Viehdoktor, der nach dem Prinzip »unsere Ochsen haben eine eiserne Gesundheit« handelt. Sie verschleuderte dann ihr »kulturelles Kapital« (Pierre Bourdieu).

Eine Remedur ist notwendig. Dabei muß man freilich dilettantischen Überschwang vermeiden. Die »Totalreform«, die rationale Neukonstruktion ist in unserem langsamen und komplexen politischen System ohne Chance. Deshalb empfiehlt sich die »Strategie der Entkoppelung«. Man muß die Hochschulen soweit losbinden, daß sich dort Kreativität, neue Ideen, intelligente Profilierungen entwickeln können, daß wettbewerbliche Hochschulen entstehen. Politik und Verwaltung müssen auf Macht verzichten. In den Hochschulen selbst müssen neue Machtkerne gebildet werden. Dieser Prozeß ist kompliziert genug. Mißlingt er, treiben wir unsere besten Köpfe ins Ausland, vor allem in die USA. Schon ist die Bundesrepublik eher ein Export- als Importland für tüchtige Studenten und graduierte Nachwuchskräfte. Die Nachfrage deutscher Graduierten nach Stipendien für die Vereinigten Staaten und die großen europäischen Nachbarländer übertrifft bei weitem den Zustrom von jungen graduierten Amerikanern, Franzosen oder Briten nach Deutschland.[87] Das sind Sturmzeichen.

Soll Remedur geschaffen werden, müssen Bund und Länder kooperieren wie in den späten sechziger Jahren; die Zeiten der Belauerung, der gegenseitigen Spitzen und halbherzigen Kompensationsgeschäfte müßten beendet werden. Zwingend ist die Erschließung neuer Finanzquellen für die Hochschulen, die Umstellung der staatlichen Kontrolle auf staatliche Aufsicht und eine Wiederentdeckung der kommunikativen Dimension der Universitäten. Es gab Zeiten, da stellte man den Universitäten die Aufgabe, die geistigen, sittlichen, sozialen und politischen Sehnsüchte des Zeitalters zu artikulieren. So pathetisch würde das heute keiner mehr ausdrücken. Universitäten sind keine Gralstempel. Aber sie müssen mehr sein wollen als nachgeordnete Behörden

für die ordentliche Ausbildung der Funktionseliten –
und das, obwohl die Mehrheit der *classe politique*
von heute schon damit ganz zufrieden wäre. Karl
Jaspers, der mit seinem Wirken an der Universität
Heidelberg noch Bundestagsdebatten auslöste,
hatte recht: »Durch die Ausbildung der Arbeits-
kräfte für die Zwecke der im ganzen ziellosen,
immer nur an partikulare Zwecke gebundenen technischen Massengesellschaft wird der Aufgabe der
Universität nicht genug getan. Durch Beschränkung
auf jene Zwecke werden diese Zwecke selbst nicht in
Wahrheit erfüllt. Mit der Universität sinken Gesellschaft und Staat ab.«[88]

Die These, die im letzten Satz dieser Äußerung
(von 1960) steckt – »Mit der Universität sinken
Gesellschaft und Staat ab« –, ist auch die These
dieser Streitschrift. Eine zweite Phase der Hochschulreform muß herbeigezwungen werden. Die
erste Vorbedingung dazu ist, daß die Betroffenen
sich aus dem Käfig des »business as usual« befreien.

Anhang

Literaturverzeichnis

Die in dieser Schrift verwendeten Arbeiten sind in den Anmerkungen im einzelnen zitiert. Deshalb werden hier nur die grundlegenden Titel aufgeführt, die für das Konzept dieses Buches wichtig waren.

Die präziseste Analyse der historischen Entwicklung ist immer noch Helmut Schelskys Studie »Einsamkeit und Freiheit« aus dem Jahr 1963. Schelsky ist der Posthistoire-These Arnold Gehlens verfallen und gibt die Universitätsidee eigentlich auf; bei der Auswertung der Quellen, der Gliederung des Stoffes und beim Kommentieren der historischen Entwicklung zeigt er aber alle Qualitäten, die ein sowohl geistesgeschichtlich als auch soziologisch geschulter Großordinarius der älteren Generation aufbieten konnte. Das Buch lohnt auch heute noch, mehr als dreißig Jahre nach seinem Entstehen, eine aufmerksame Auseinandersetzung.

Für die Erörterung prinzipieller Fragen geht man am besten auf Karl Jaspers zurück. Sein Ton wirkt für den Lesenden von heute gelegentlich allzu »hoch«, auch ist seine Idee der »Wiedergeburt« passé. In der Darstellung der Grundidee der Universität aber ist Jaspers unübertroffen. Unter aktuellen Gesichtspunkten erörtert diese prinzipiellen Fragen Jürgen Mittelstraß, bei dem man auch Hinweise auf alle wichtigeren

Arbeiten und Reden der letzten Jahrzehnte (zum Beispiel Max Horkheimer, Hermann Heimpel u. a.) findet. Mittelstraß ist von Fach her Philosoph, von der persönlichen Erfahrung »Konstanzer«, also Teilnehmer am Aufbau einer Reformuniversität und im übrigen vielerfahren in der akademischen Verwaltung.

Über den vielberedeten »Kern« der deutschen Universität (gesund oder verrottet?) erfährt man viel in der umfangreichen und hochinteressanten Denkschrift zur Geisteswissenschaft, die Wolfgang Frühwald mit vier weiteren Kollegen herausgegeben hat. Dort wird erörtert, was aus der humboldtschen Leitfakultät heute geworden ist. Zu dieser Frage äußert sich auch höchst kompetent – und polemisch – der junge Philosoph Vittorio Hösle in einem Gutachten für das Bundeskanzleramt, das er später in seiner Schrift »Die Krise der Gegenwart und die Verantwortung der Philosophie« weiterverarbeitet hat.

Zu den praktischen Fragen der Hochschulreform hat in den allerletzten Jahren die interessantesten Anstöße die Bertelsmann-Stiftung geliefert. Ihre Vorschläge zur Finanzierung der Hochschulen und die von ihr herausgegebenen Reader über Qualitätssicherung und die Hochschulpolitik im internationalen Vergleich sind Fundgruben.

Interessante Thesen findet man in einer Studie, die Hermann Röhrs 1987 herausgegeben hat. Besonders spannende Beiträge stammen von Klaus von Beyme, Ludwig Huber und Martin Trow.

Wer über die heutige Realität der Studenten etwas wissen will, kommt um die Studie von Michael Leszczensky nicht herum.

Bertelsmann-Stiftung (Hrsg.), Hochschulpolitik im internationalen Vergleich. Eine länderübergreifende Untersuchung im Auftrag der Bertelsmann-Stiftung. Gütersloh 1993

Centrum für Hochschulentwicklung, Deutscher Studienfond zur Qualitätssicherung der Hochschulen. Argumente für und wider einen Beitrag der Studierenden an der Finanzierung des Hochschulsystems. Arbeitspapier Nr. 8, Oktober 1995

Wolfgang Frühwald, Hans Robert Jauß, Reinhard Koselleck, Jürgen Mittelstraß, Burkhard Steinwachs, Geisteswissenschaft heute. Eine Denkschrift. Konstanz, Mai 1990

Peter Glotz, Wolfgang Malanowski, Student heute. Angepaßt? Ausgestiegen? Reinbek bei Hamburg 1982

Vittorio Hösle, Die Krise der Gegenwart und die Verantwortung der Philosophie. München 1992

Karl Jaspers, Die Idee der Universität. Berlin 1946

Ders., Das Doppelgesicht der Universitätsreform. In: *Deutsche Universitätszeitung*, 15. Jahrgang 1960, Heft 3, S. 3ff.

Michael Leszczensky, Jobbende Studierende. Der Trend zur Selbstfinanzierung. Hannover 1993

Jürgen Mittelstraß, Die unzeitgemäße Universität. Frankfurt/M. 1994

Detlev Müller-Böhling (Hrsg.), Qualitätssicherungen in Hochschulen. Gütersloh 1995

Hermann Röhrs (Hrsg.), Tradition und Reform der Universität unter internationalem Aspekt. Ein interdisziplinärer Ansatz. Frankfurt/M. – Bern – New York – Paris 1987

Helmut Schelsky, Einsamkeit und Freiheit. Idee und Gestalt der deutschen Universität und ihrer Reformen. Reinbek bei Hamburg 1963

Michael Westerwick, Die Reformierung der Hochschulpolitik als ordnungspolitische Aufgabe. Diplomarbeit der Fakultät für Wirtschaftswissenschaft an der Ruhr-Universität Bochum, Mai 1995

Anmerkungen

1 *Clark Kerr*, »Postscript 1982«. The Uses of the University. Third edition, Cambridge Harvard University Press, S. 152f.

2 *Karl Jaspers*, Das Doppelgesicht der Universitätsreform. In: *Deutsche Universitätszeitung*, 15. Jahrgang (1960), Nr. 3, S. 6

3 *Klaus von Beyme*, Universität und Elitenbildung. In: *Hermann Röhrs (Hrsg.)*, Tradition und Reform der Universität unter internationalem Aspekt. Frankfurt/M. – Bern – New York – Paris 1987, S. 78

4 *Jürgen Mittelstraß*, Die Zukunft der Wissenschaft und die Gegenwart der Universität. In: *Ders.*, Die unzeitgemäße Universität. Frankfurt/M. 1994, S. 30

5 *Centrum für Hochschulentwicklung*, Arbeitspapier Nr. 8. Deutscher Studienfonds zur Qualitätssicherung der Hochschulen. Gütersloh 1995, S. 6

6 *Jürgen Mittelstraß*, Die unzeitgemäße Universität, a.a.O., S. 13

7 *Centrum für Hochschulentwicklung*, Arbeitspapier Nr. 8, a.a.O., S. 6

8 *Michael Westerwick*, Die Reformierung der Hochschulpolitik als ordnungspolititische Aufgabe. Diplomarbeit an der Ruhr-Universität Bochum. Bochum 1995, S. 12 (Manuskript); vgl. auch: Beschluß der Hochschulrektorenkonferenz zur Finanzierung der Hochschulen, Drucksache 1239, 23. 10. 1995

9 Bericht der Universität Hamburg zur Struktur- und Entwicklungsplanung (Oktober 1994), S. 30

10 Rechenschaftsbericht des Rektors der Universität Heidelberg für die Amtszeit 1. 4. 1994 bis 31. 3. 1995, S. 94

11 *Jürgen Mittelstraß*, Glanz und Elend der Geisteswissenschaften. Oldenburger Universitätsreden Nr. 27, Oldenburg 1989

12 *Karl Jaspers*, Die Idee der Universität. Berlin 1946, S. 66ff.

13 *Peter Glotz, Wolfgang Malanowski*, Student heute. Angepaßt? Ausgestiegen? Reinbek bei Hamburg, 1982, S. 35

14 *Jürgen Habermas*, Vom sozialen Wandel akademischer Bildung. In: *Georg Kotowski (Hrsg.)*, Universitätstage 1963. Berlin 1963, S. 167

15 *Karl Jaspers*, Die Idee der Universität, a.a.O., S. 68f.

16 *Jürgen Mittelstraß*, Die unzeitgemäße Universität, a.a.O., S. 14

17 zum Beispiel: *Eric Hobsbawm*, Nation und Nationalismus. Mythos und Realität seit 1780. Frankfurt/M. – New York 1991; *Etienne Balibar, Immanuel Wallerstein*, Rasse, Klasse, Nation. Ambivalente Identitäten. Berlin 1990

18 *Vittorio Hösle*, Die Krise der Gegenwart und die Verantwortung der Philosophie. München 1994

19 ebenda, S. 22f.

20 *Helmut Schelsky*, Einsamkeit und Freiheit. Idee und Gestalt der deutschen Universität und ihrer Reformen. Reinbek bei Hamburg 1963, S. 224ff.

21 *Vittorio Hösle*, Die Krise der Gegenwart, a.a.O., S. 15

22 Vgl. *Peter Glotz, Uwe Thomas*, Das dritte Wirtschaftswunder. Aufbruch in eine neue Gründerzeit. Düsseldorf – Wien – New York – Moskau 1994

23 Vgl. die Rede des Rektors der Fachhochschule Bochum, Prof. Dr. Heinz Becker, am 11. 4. 1994 anläßlich der Verleihung einer Ehrensenatorwürde. Die Rede zeigt, daß es zwischen Universitäten und Fachhochschulen noch mehr Empfindlichkeiten gibt als notwendig wären.

24 Hochschulpolitik im internationalen Vergleich. Eine länderübergreifende Untersuchung im Auftrag der Bertelsmann-Stiftung. Gütersloh 1993, S. 81

25 Beschluß des Ersten Senates des Bundesverfassungsgerichts vom 31. 5. 1995

26 Hochschulpolitik im internationalen Vergleich, a.a.O., S. 84

27 *Ludwig Huber*, Wandel der Studentenrolle. In: *Hermann Röhrs (Hrsg.)*, Tradition und Reform, a.a.O., S. 297

28 ebenda, S. 286

29 *Michael Leszczensky*, Jobbende Studierende. Hannover 1993, S. 16

30 ebenda, S. 19

31 ebenda, S. 34

32 *Rossana Rossanda, Marcello Cini, Luigi Berlinguer*, Thesen zur Schule und Hochschule (Februar 1970). In: Il Manifesto. Thesen zur Schul- und Hochschulpolitik. Internationale marxistische Diskussion 25. Berlin 1972, S. 26

33 *Klaus von Beyme*, Universität und Elitenbildung, a.a.O., S. 83

34 *Joseph Schumpeter*, Theorie der wirtschaftlichen Entwicklung (1911). Zitiert nach *Heinz Bude*, Die Herrschaft der globalen Spieler. Eine neue Elite im Weltsystem der Wirtschaft. In: *Frankfurter Allgemeine Zeitung* vom 30. 12. 1995

35 Hochschulpolitik im internationalen Vergleich, a.a.O., S. 417

36 *Konrad Adam*, Kapitulation. Berufsschule statt Hochschule. In: *Frankfurter Allgemeine Zeitung* vom 14. 8. 1995

37 C. H. Becker, zitiert nach *Helmut Schelsky*, Einsamkeit und Freiheit, a.a.O., S. 232. Bei Schelsky (S. 61 und 72) auch die Äußerungen Schleiermachers und Fichtes.

38 *Wolfgang Frühwald u. a.*, Geisteswissenschaften heute. Eine Denkschrift. Konstanz 1990, S. 137

39 ebenda, S. 127

40 Schelers Konzept ist bei Schelsky (Einsamkeit und Freiheit, a.a.O., S. 241) dargestellt.

41 *Karl Jaspers*, Die Idee der Universität, a.a.O., S. 70

42 *Jürgen Mittelstraß*, Die unzeitgemäße Universität, a.a.O., S. 25

43 *Wolfgang Frühwald u.a.*, Geisteswissenschaften heute, a.a.O., S. 75

44 ebenda, S. 99

45 *Dieter Langewiesche*, Humboldt ist lebendig. Geisteswissenschaften an der Massenuniversität. In: *Frankfurter Allgemeine Zeitung* vom 21. 12. 1995, S. 35

46 *Wilhelm von Humboldt*, Gesammelte Schriften, 17 Bde. Berlin 1903–1936, Bd. X, S. 257

47 Vgl. *Maresi Nerad*, Postgraduale Qualifizierung und Studienreform. Untersuchung ausgewählter Graduiertenkollegs in Hessen im Vergleich mit dem Promotionsstudium in den USA. Arbeitspapiere des Wissenschaftlichen Zentrums für Berufs- und Hochschulforschung an der Gesamthochschule Kassel, Nr. 32. Kassel 1994

48 Arnold Gehlen, zitiert nach *Schelsky*, Einsamkeit und Freiheit, a.a.O., S. 224f.

49 *Jürgen Mittelstraß*, Die unzeitgemäße Universität, a.a.O., S. 60

50 *Michael Westerwick*, Die Reformierung der Hochschule, a.a.O., S. 70f.

51 ebenda, S. 71

52 *Helmut Schelsky*, Einsamkeit und Freiheit, a.a.O., S. 312

53 *Ralf Dahrendorf*, Konstanz – der süße Anachronismus. Eine persönliche Notiz zum zehnten Geburtstag der Universität Konstanz. In: *Konstanzer Blätter für Hochschulfragen*, H. 50–53, Jahrgang XIV (1976)

54 *Helmut Schelsky*, Einsamkeit und Freiheit, a.a.O., S. 310

55 *Martin Trow*, Die Universität am Ende des zwanzigsten Jahrhunderts und Tendenzen ihrer zukünfigen Entwicklung. In: *Hermann Röhrs (Hrsg.)*, Tradition und Reform, a.a.O., S. 343ff.

56 Hochschulpolitik im internationalen Vergleich, a.a.O., S. 398

57 *Detlev Müller-Böhling*, Qualitätssicherung in Hochschulen. Grundlage einer wissensbasierten Gesellschaft. In: *Ders. (Hrsg.)*, Qualitätssicherung in Hochschulen. Gütersloh 1995, S. 29

58 *Centrum für Hochschulentwicklung*, Arbeitspapier Nr. 8, a.a.O., S. 6

59 *Michael Westerwick*, Die Reformierung der Hochschule, a.a.O., S. 12: »Es wären jährlich Mehraufwendungen von 7,7 Milliarden DM erforderlich, um eine lineare Erhöhung der Hochschulausgaben bezüglich des Maßstabes von 1977 (Jahr des Öffnungsbeschlusses) zu erreichen.«

60 Mitteilung der HIS GmbH vom 12. 12. 1995

61 Vgl. *Gerd Grözinger*, Vorschlag eines akademischen Generationenvertrags. In: *Ders. (Hrsg.)*, Hochschulen im Niedergang? Marburg 1994, S. 67–97; *Karl Dieter Grüske*, Verteilungseffekte der öffentlichen Hochschulfinanzierung in der BRD. In: *Reinar Lüdecke (Hrsg.)*, Bildung, Bildungsfinanzierung und Einkommensverteilung. Berlin 1994

62 Vgl. *Martin Pfaff, Gerhard Fuchs*, Bildung, Ungleichheit und Lebenseinkommen in der BRD. In: *Klaus Hüfner (Hrsg.)*, Bildung, Ungleichheit und Lebenschancen. Frankfurt/M. – Berlin – München 1978; *Bodenhöfer, Ötsch, Terlaak*, Finanzierung der Hochschulexpansion. Wien 1980; *Centrum für Hochschulentwicklung*, Arbeitspapier Nr. 8, a.a.O., S. 4
Ein Nebeneffekt von Studiengebühren in Höhe von 1000 DM pro Semester wäre im übrigen die Abschreckung von Sozialversicherungsstudenten. Gaugler und Weber (Der Wert eines Studentenausweises. In: *Zeitschrift für Betriebswirtschaft*, Heft 11, November 1994, S. 1457 – 1472) weisen

nach, daß ein optimal genutzter Studentenausweis durch verbilligte Krankenkassenbeiträge, Versicherungstarife, Benutzung öffentlicher Verkehrsmittel etc. bis zu 1200 DM pro Semester bringen kann. Wenn Studiengebühren erhoben würden, werden Studierende, die nicht mehr wirklich am Studium, sondern nur noch am Studentenausweis interessiert sind, ihre Immatrikulation nicht erneuern. Damit würden die Studienverhältnisse an den deutschen Hochschulen nicht besser, die Studentenzahlen aber vertrauenswürdiger.

64 *Centrum für Hochschulentwicklung,* Arbeitspapier Nr. 8, a.a.O.
Gemäß diesem Vorschlag sollen die Studierenden in jedem Semester neu entscheiden, ob sie die Gebühren selbst aufbringen oder ob sie ein Darlehen des Fonds in Anspruch nehmen wollen. Das Darlehen wird später im Zusammenhang mit der Einkommensteuer zurückgezahlt, und zwar nur von Arbeitnehmern mit Einkommen über einer bestimmten Einkommengrenze. Die maximale Darlehensschuld soll 14020 DM betragen, also nur einen Bruchteil der Darlehensschuld, den die Bundesregierung durch die Verzinsung der BAföG-Darlehen Studierenden aufbürden will (maximal 72 000 DM). Um der Gefahr von Mittelkürzungen durch die Finanzminister zu entgehen, sollen die staatlichen Zuwendungen an die Beiträge der Studierenden gekoppelt werden.

65 *Martin Trow*, Die Universität, a.a.O., S. 349

66 Hochschulpolitik im internationalen Vergleich, a.a.O., S. 397f.

67 *Sächsisches Staatsministerium für Wissenschaft und Kunst und CHE (Centrum für Hochschulentwicklung),* Leipziger

Erklärung. Veröffentlichung nach einem Symposium am
22. und 23. 6. 1995, Universität Leipzig.
Die verfassungsrechtlichen Probleme, die mit diesem Vor-
schlag aufgeworfen werden, behandelt *Kay Hailbronner*,
Verfassungsrechtliche Grenzen einer Neuregelung des
Rechts auf Zugang zu den Hochschulen. In: *Centrum für
Hochschulentwicklung*, Arbeitspapier Nr. 7, Juni 1995

68 *Detlev Müller-Böhling*, Qualitätssicherung in Hochschulen,
a.a.O., S. 43

69 *Steven Muller*, The Advent of the University of Calculation.
In: *Ders.*, Universities in the Twentyfirst Century. Provi-
dence – Oxford 1996, S. 15ff.

70 *Martin Trow*, Die Universität, a.a.O., S. 353

71 In: *Helmut Altner, Jutta Fedrowitz*, Qualitätssicherung in
der Forschung. In: *Detlev Müller-Böhling (Hrsg.)*, Qualitätssicherung in Hochschulen, a.a.O., S. 49

72 *Jürgen Lüthje*, Evaluation im Verbund. In: ebenda, S. 149

73 *Detlev Müller-Böhling*, Qualitätssicherung in Hochschulen,
a.a.O., S. 30

74 *Klaus von Beyme*, Universität und Elitenbildung, a.a.O.,
S. 86

75 *Helmut Schelsky*, Einsamkeit und Freiheit, a.a.O., S. 68.
Die Zitate stammen von Alexander von Humboldt und
Fichte.

76 Litauischer Schulplan vom September 1809, zitiert bei *Helmut Schelsky*, ebenda.

77 *Gudrun Quandel*, Grünes Licht für das Wissenschaftsnetz.
Die rechnergestützte Infrastruktur wird jetzt ausgebaut. In:

DUZ, Beilage zur Deutschen Universitäts-Zeitung vom 17. 11. 1995, S. 6ff.

78 *Der Spiegel* vom 1. 5. 1995

79 Bericht des Ausschusses für Bildung, Wissenschaft, Technologie und Technikfolgenabschätzung: Multimedia – Mythen, Chancen und Herausforderungen. Bundestagsdrucksache 13/2475, S. 94ff.

80 *Der Spiegel* vom 1. 5. 1995 berichtet von entsprechenden Teleteaching-Experimenten zwischen den Universitäten Mannheim und Heidelberg.

81 ebenda

82 *Erik Eichhorn*, Virtuelle Realität – Medientechnologie der Zukunft? In: Kursbuch Neue Medien. Mannheim 1995, S. 210

83 *Andreas Gopphold*, Schrifttechnologien, Macht und das nachalphabetische Zeitalter. München 1994 (Manuskript)

84 *Christine Mack*, Universitas ex machina. Exposé über eine Medienuniversität Bochum 1994 (Manuskript)

85 *Jürgen Mittelstraß*, Die unzeitgemäße Universität, a.a.O., S. 29

86 *Ralf Dahrendorf*, Konstanz – der süße Anachronismus, a.a.O., S. 24

87 So gemäß eines Berichtes des Präsidenten des Deutschen Akademischen Austauschdienstes, Prof. Berchem. In: *Frankfurter Allgemeine Zeitung* vom 2. 1. 1996

88 *Karl Jaspers*, Das Doppelgesicht der Universitätsreform, a.a.O., S. 8

Fremdwörterverzeichnis

»In jedem Fremdwort steckt der Sprengstoff von Aufklärung, in seinem kontrollierten Gebrauch das Wissen, daß Unmittelbares nicht unmittelbar zu sagen, sondern nur durch alle Reflexionen und Vermittlung hindurch noch auszudrücken sei.«
Theodor W. Adorno

admissions test   Aufnahmeprüfung, Eignungstest
Alumne   Zögling, Schüler
Akquisition   Anschaffung, Erwerbung, Kundenanwerbung
archaisch   altertümlich
Archetypus   Urbild, Urform
Artistenfakultät   mittelalterl. Fakultät der Sieben Freien
   Künste, Vorläuferin der philosophischen Fakultät
Aura   Ausstrahlung
Autonomie   Selbständigkeit, Unabhängigkeit
budgetär   den Haushaltsplan betreffend
Campus   Universitätsgelände
Carrier   Transport-, Beförderungsunternehmen
Casus   Fall
Charisma   besondere Ausstrahlungskraft
curricular   den Lehrplan betreffend
Dekan   Leiter einer Fakultät oder eines Fachbereichs an
   einer Universität
digital   speichern und verarbeiten von Informationen, die
   auf der »Zweierlogik« basieren (entweder 0 oder 1)
Diskurs   lebhafte Erörterung, Unterhaltung
Display   Anzeigeinstrument (z. B. Computerbildschirm)
disponibel   verfügbar
Diversifikation   Veränderung, Abwechslung, Vielfalt

E-Mail engl., »Electronic Mail«, elektronische weltweite
Postübermittlung über Datennetze

Effizienz Wirksamkeit, Wirkkraft

egalitär auf politische oder soziale Gleichheit gerichtet

Elephantiasis krankhafte Verdickung der Haut; im über-
tragenen Sinn: Sucht nach Größe

Emeritus von der Lehrpflicht entbundener Hochschul-
professor

emphatisch nachdrücklich, schwungvoll, leidenschaftlich

empirisch auf Erfahrung beruhend, aus der Erfahrung
gewonnen

Erudition Gelehrsamkeit

etatistisch die individuelle Rechtssphäre einschränkend
zugunsten des staatlichen Machtbereichs

ethnisch volkseigentümlich, ein bestimmtes Volkstum
betreffend

Evaluation Auswertung, Beurteilung

Exmatrikulation Streichung eines Studenten aus dem
Studenten-Verzeichnis einer Universität bei Beendigung
des Studiums oder beim Wechsel der Hochschule

Expansion räumliche Ausdehnung

fachimmanent zu einem Fachgebiet gehörig

Fazit Schlußfolgerung, Zusammenfassung

fetischisieren einem Gegenstand eine über seinen
Gebrauchswert hinausgehende, irrationale Bedeutung bei-
messen

freak engl., Fanatiker, »irrer Typ«

fund raising engl., »Geld auftreiben«, Sponsoren finden zur
Realisation eines Projekts

Gateway engl., Verbindung zwischen Rechner und Groß-
rechner (z. B. Server)

Habilitation Erwerb der Lehrberechtigung an Universitäten

Häretiker jmd., der von der offiziellen Linie abweicht, Ketzer

Hardware engl., materielle Teile eines Computersystems

hermetisch dicht verschlossen

Historismus Geschichtsbetrachtung, die alle Erscheinungen aus ihren geschichtlichen Bedingungen heraus zu erklären sucht

Homo oeconomicus der ausschließlich von wirtschaftlichen Zweckmäßigkeitserwägungen geleitete Mensch

horribile dictu lat., es ist furchtbar, dies sagen zu müssen

Hypertext Textsystem, bei dem bestimmte Textstellen mit anderen verknüpft sind, so daß der Text nicht nur linear gelesen werden kann

Ikonologie Lehre von Sinn und Bedeutung eines Bildwerkes

Improvisation unvorbereitete Handlung

Individuation Selbstwerdung des Menschen

Innovation Erneuerung, Erfindung, Entdeckung, Neuerung

Insolvenz Zahlungsunfähigkeit

integrativ zusammenführend, einbeziehend

interdisziplinär fächerübergreifend

Internet weltumspannendes Computernetz, über das Millionen Rechner miteinander verbunden sind

invers umgekehrt

Jeremiade Gejammer, Klage

Joystick engl., an den PC anzuschließendes Gerät, das man meist zur Ausführung von Computerspielen benötigt

justieren richtigstellen

Kameralistik Finanzwissenschaft

kausal ursächlich

Kolloquium wissenschaftliches Gespräch

kompensieren etwas ausgleichen

Konstruktivismus Richtung der bildenden Kunst und Architektur, die die Konstruktionselemente besonders betont

Konvulsion Krampf

konzipieren planen, entwerfen

Korporation Körperschaft, juristische Person

Kustode wissenschaftlicher Sachbearbeiter an Museen und Bibliotheken

leisure class engl., wörtl.: Muße-Klasse, also: die von Erwerbsarbeit freigestellte Oberschicht

linguistic turn engl., die »linguistische (sprachwissenschaftliche) Wende«

luxurieren üppig leben, schwelgen

mäzenatisch in der Art eines Mäzens

Mandarin hoher chinesischer Beamter

Metapher bildhafte Übertragung

Misanthrop Menschenfeind

mission oriented research engl., zielorientierte Forschung

modifizieren den Umständen anpassen, geringfügig ändern

Moralität moralisches Bewußtsein

Moratorium gesetzlich angeordneter oder vertraglich vereinbarter Aufschub

nonchalant formlos, ungezwungen

normativ maßgebend

nouvelle vague frz., »Neue Welle« (Stilrichtung des französischen Films)

Ordinarius ordentlicher Professor an einer Universität, Inhaber eines Lehrstuhls

Paradigma Beispiel, Muster

Parameter kennzeichnende oder veränderliche Größe

Parität Gleichstellung, Besetzung eines Gremiums zu gleichen Anteilen

Paternalismus Bestreben, andere zu bevormunden oder zu gängeln

Pennalismus im 16. und 17. Jhdt. Dienstverhältnis zwischen älteren und jüngeren Studenten

perpetuieren bewirken, daß etwas auf Dauer erhalten bleibt

Philister Spießbürger

Populismus   Politik, die die Gunst der Massen gegen »die da oben« zu gewinnen sucht

Positivismus   philosophische Lehre, die nur vom Gegebenen, Tatsächlichen ausgeht

Protagonist   zentrale Gestalt, Vorkämpfer

Quisquilien   Kleinigkeiten, Nichtigkeiten, Belanglosigkeiten

ranking   engl., Reihen-, Rangfolge, Auflistung

Remedur   Abhilfe

Repetitor   jmd., der mit Studenten vor einer Prüfung den Lehrstoff wiederholt und einübt

Revitalisierung   Kräftigung, Erneuerung, Wiederbelebung

rigide   unnachgiebig, streng

Romantizismus   Nachahmung der Romantik

Schimäre   Trugbild, Hirngespinst

scholastisch   schulmeisterlich, spitzfindig

Senat   höchstes Koordinations- und Entscheidungsorgan einer Universität

Separierung   Trennung, Abtrennung

Server   engl., ein Rechner, der für andere Netzteilnehmer Speicher- und Verarbeitungsaufgaben übernimmt

Software   engl., Programme, die auf einem Rechner eingesetzt werden können

Sozialisation   das Hineinwachsen des einzelnen in die Gesellschaft

spirit   engl., Geist, das Geistige

Strukturalismus   wissenschaftstheoretische Richtung, die Tatbestände aus ihrer Einbettung in einen strukturierten Zusammenhang zu erklären sucht

tabula rasa machen   reinen Tisch machen, energisch Ordnung schaffen

Technizismus   Auffassung, daß die Entwicklung der Gesellschaft auf die Entwicklung der Technik zurückzuführen

sei und gesellschaftlicher Fortschritt auf technischem Fortschritt beruhe

Techno   Stilrichtung der Popmusik

timid   ängstlich, zaghaft

Tutor   wissenschaftlicher Betreuer von Studenten

Universalität   Vielseitigkeit

Utilitarismus   philosophische Lehre, die im Nützlichen die
Grundlage des sittlichen Verhaltens sieht und ideale Werte
nur anerkennt, sofern sie dem einzelnen oder der Gemein-
schaft nützen

Verdikt   Entscheidung, Urteil

virtual reality   engl., im Computer erzeugte dreidimensionale Wirklichkeit (in die man mit Hilfe eines Datenhand-
schuhs und eines Datenhelms eintauchen kann)

virtuell   künstlich erzeugt

workstation   engl., leistungsfähiger PC

World Wide Web   Teil des Internet

Namenregister